CHENGSHI GUIDAO JIAOTONG LVSE JIENENG SHEJI

城市轨道交通绿色节能设计

林珊　张悦　刘丽萍　赵美君　著

中国电力出版社

CHINA ELECTRIC POWER PRESS

内 容 提 要

本书围绕城市轨道交通的绿色节能设计，系统全面地介绍了城市轨道交通系统各子系统绿色节能设计的基本原理、常用的节能措施及其节能效果。本书共 11 章，分别为概述、城市轨道交通项目节能报告、绿色节能设计的要求及原则、规划选址、线路、供电系统、车辆、车辆基地及控制中心、信号与运营组织、机电系统、绿色节能设计典型案例。

本书理论联系实际，可作为城市轨道交通相关领域的教学、科研用书，也可作为城市轨道交通设计、运维工作人员日常工作、学习的参考书。

图书在版编目（CIP）数据

城市轨道交通绿色节能设计 / 林珊等著 . —北京：中国电力出版社，2021.12（2024.2 重印）
ISBN 978-7-5198-6265-7

I. ①城…　II. ①林…　III. ①城市铁路-轨道交通-节能设计　IV. ① U239.5

中国版本图书馆 CIP 数据核字（2021）第 260764 号

出版发行：中国电力出版社
地　　址：北京市东城区北京站西街 19 号（邮政编码 100005）
网　　址：http://www.cepp.sgcc.com.cn
责任编辑：赵　杨（010-63412287）
责任校对：黄　蓓　常燕昆
装帧设计：赵丽媛
责任印制：石　雷

印　　刷：中国电力出版社有限公司
版　　次：2021 年 12 月第一版
印　　次：2024 年 2 月北京第二次印刷
开　　本：710 毫米 ×1000 毫米　16 开本
印　　张：9.75
字　　数：176 千字
定　　价：50.00 元

前　言

城市轨道交通是城市公共交通的骨干，具有节能、省地、快捷、运量大、全天候、无污染（或少污染）、安全性高等特点，属绿色环保交通体系。我国已有40多个城市开通运营了轨道交通线路，还有多项城市轨道交通工程正在建设或规划筹建中。

保护环境、实现可持续发展已成为全人类的共识，因此，在城市轨道交通项目中推行绿色节能设计，是节省资源、保护环境、减少污染的有效手段。我国人口多、人均资源匮乏，在城市轨道交通项目设计中考虑绿色节能设计显得尤为重要。

本书围绕城市轨道交通项目的绿色节能设计，介绍了绿色节能设计的基本要求及原则，并从城市轨道交通项目设计出发，从规划选址、线路、供电系统、车辆、车辆基地及控制中心、信号与运营组织、机电系统等几个方面系统全面地介绍了绿色节能设计的原理、可用的措施及节能的效果，最后以广州地铁十三号线二期工程作为典型案例，对整个城市轨道交通项目绿色节能设计进行了介绍。

本书具有以下特点：一是系统全面总结了城市轨道交通项目绿色节能设计的基本要求、原则、常用方法及其基本原理，在实际的城市轨道交通项目设计中经常会用到与绿色节能相关的措施，但这些措施往往较为分散，缺乏系统的理论指导，本书对城市轨道交通项目中涉及的绿色节能措施进行了较为系统全面的梳理总结；二是本书不仅介绍了城市轨道交通项目绿色节能设计的措施，还对其原理进行了介绍，在城市轨道交通项目设计中，设计者往往较多地关注所采用的措施，而忽视这些措施降低能耗的原理，导致知其然而不知其所以然，本书不仅对城市轨道交通项目中可以采用的绿色节能措施进行了总结，而且对其原理进行了相应的介绍。

根据国家及行业要求，以及中华人民共和国国家发展和改革委员会（简称国家发展改革委）《固定资产投资项目节能审查办法》的规定，绝大多数城市轨道交通项目需要编制节能报告，并进行节能审查。《固定资产投资项目节能审查办法》对固定资产投资项目节能审查的内容进行了明确和规定，本书内容遵循该办法的规定，对城市轨道交通项目的节能方案、节能效果进行了介绍，因而有利于项目完成后节能报告的编制。

本书内容基于项目工程实际，对既有的城市轨道交通项目绿色节能设计的经验进行了归纳总结，并吸收了当今绿色节能设计的一些新技术、新方法。本书共11章，包括概述、城市轨道交通项目节能报告、绿色节能设计的要求及原则、规划选址、线路、供电系统、车辆、车辆基地及控制中心、信号与运营组织、机电系统、绿色节能设计典型案例。增加绿色节能设计典型案例章节，是为了给读者提供节能报告的编制参考实例。

本书由广州地铁设计研究院股份有限公司林珊、张悦、刘丽萍、赵美君编著，1～10章由林珊编写，11章由林珊、张悦、刘丽萍、赵美君编写。

本书是对相关设计及研究工作的总结，部分内容参考了设计中相关专业的常用措施，另外在编写过程中也参考了部分专家和学者的著作及论文，在此一并表示感谢。对广州地铁设计研究院股份有限公司提供设计常用措施的彭磊、王海鑫、刘雪剑、刘增华、高杰、邓树、张立杰、谢丰波、邓紫阳、梁笛、陈鹏、阮艳妹、陈惠嫦、阮莹、卢昌仪、邓捷等表示感谢。

希望本书能为城市轨道交通项目的绿色节能设计提供一些参考，对我国城市轨道交通项目的绿色低碳发展起到一定的推动作用。

由于技术发展迅速，加之作者水平和经验有限，书中难免存在疏漏与不足之处，敬请广大专家和读者批评指正！

作　者

2021 年 11 月

目　录

第1章 概　　述

随着我国城市化进程的加快，快速增加的城市人口给城市交通带来的压力日益显著。作为一种快速、大运量的公共交通方式，城市轨道交通近几年在我国得到了迅猛发展。截至 2020 年 12 月 31 日，全国（不含港澳台）共有 44 个城市开通运营轨道交通线路 233 条，运营里程 7545.5km，车站 4660 座。2020 年全年新增轨道交通线路 39 条，新增运营里程 1240.3km，同比增长 20.1%。

城市轨道交通是城市公共交通的骨干，具有节能、省地、运量大、全天候、无污染（或少污染）、安全性高等特点，属绿色环保交通体系。按照同等运力，城市轨道交通能耗相当于小汽车的 1/9，公交车的 1/2，且占地小、成本低，对节能减排具有重要意义。

2020 年 9 月 22 日，中国政府在第七十五届联合国大会上提出："中国将提高国家自主贡献力度，采取更加有力的政策和措施，二氧化碳排放力争于 2030 年前达到峰值，努力争取 2060 年前实现碳中和。"目前，我国排放的温室气体占全球温室气体排放量的 28%，我国的煤炭消耗量约占全球煤炭消耗量的一半，这意味着，为了实现碳中和我国还需要付出巨大的努力。

虽然城市轨道交通的平均能耗相对于其他交通方式较低，但城市轨道交通的总能耗相当大，是名副其实的能耗大户。针对城市轨道交通，从设计、施工、运营、维护等各个环节提出切实有效的节能措施，是进一步降低城市轨道交通总体能耗、提升城市轨道交通能源利用水平、降低城市轨道交通运营管理成本的迫切需要。

1.1　国家政策性要求

为促进固定资产投资项目科学合理利用能源，从源头上杜绝能源浪费，提高能源利用效率，加强能源消费总量管理，根据《中华人民共和国节约能源法》（简称《节能法》），2010 年，国家发展改革委发布了《固定资产投资项目节能评估和审查暂行办法》（国家发展改革委令第 6 号），正式实施节能审查制度。作为总能耗较高的城市轨道交通项目，属于国家节能审查的固定资产投资项目。节能审查制度的实施，在提高新上项目能效水平、控制不合理能源消费、减轻企业用能成本、推动节能环保产业发展、促进完成能耗"双控"目标等方面发挥了积极作用。

依据 2016 年 7 月修订的《节能法》第十五条和第六十八条，2016 年 11 月，国家发展改革委修订发布了《固定资产投资项目节能审查办法》（国家发展改革委令第 44 号），并于 2017 年 1 月 1 日起施行。该办法对原 6 号令进行了较大幅度修改，从以前着重行政审批，改为大幅简政放权，强化事中事后监管，以优化服务等为重点，以更好地发挥节能审查促进实现能耗"双控"目标任务的作用。

根据《固定资产投资项目节能审查办法》，各级人民政府投资主管部门管理的在我国境内建设的固定资产投资项目都可进行节能审查，而且固定资产投资项目节能审查意见是项目开工建设、竣工验收和运营管理的重要依据。政府投资的项目，建设单位在报送项目可行性研究报告前，需取得节能审查机关出具的节能审查意见。企业投资的项目，建设单位需在开工建设前取得节能审查机关出具的节能审查意见。未按规定进行节能审查，或节能审查未通过的项目，建设单位不得开工建设，已经建成的不得投入生产、使用。

国家发展改革委核报国务院审批以及国家发展改革委审批的政府投资项目，建设单位在报送项目可行性研究报告前，需取得省级节能审查机关出具的节能审查意见。国家发展改革委核报国务院核准以及国家发展改革委核准的企业投资项目，建设单位需在开工建设前取得省级节能审查机关出具的节能审查意见。年综合能源消费量 5000 t 标准煤以上（改扩建项目按照建成投产后年综合能源消费增量计算，电力折算系数按当量值）的固定资产投资项目，其节能审查由省级节能审查机关负责。其他固定资产投资项目，其节能审查管理权限由省级节能审查机关依据实际情况自行决定。而年综合能源消费量不满 1000 t 标准煤且年电力消费量不满 500 万 kWh 的固定资产投资项目，以及用能工艺简单、节能潜力小的行业（具体行业目录由国家发展改革委制定并公布）的固定资产投资项目应按照相关节能标准、规范建设，不再单独进行节能审查。

建设单位应编制固定资产投资项目节能报告。项目节能报告应包括下列内容：分析评价依据；项目建设方案的节能分析和比选，包括总平面布置、生产工艺、用能工艺、用能设备和能源计量器具等方面；选取节能效果好、技术经济可行的节能技术和管理措施；项目能源消费量、能源消费结构、能源效率等方面的分析；对所在地完成能源消耗总量和强度目标、煤炭消费减量替代目标的影响等方面的分析评价。

节能审查机关受理节能报告后，应委托有关机构进行评审，形成评审意见，作为节能审查的重要依据。进行节能审查时应审查项目是否符合节能有关法律法规、标准规范、政策；项目用能分析是否客观准确，方法是否科学，结论是否准确；节能措施是否合理可行；项目的能源消费量和能效水平是否满足本地区能源消耗总量和强度"双控"管理要求等。通过节能审查的固定资产投资项目，建设内容、能效水平等发生重大变动的，建设单位应向节能审查机关提出变更申请。

作为大容量的公共交通方式，城市轨道交通的总体能耗较高，大多数城市轨道交通项目的总体能耗在 500 万 kWh 以上，需要进行固定资产投资项目节能评估和审查，只有通过相应级别的节能评估和审查，方可开工进行建设。

1.2　城市轨道交通发展概况

根据中华人民共和国原建设部 2007 年发布的《城市公共交通分类标准》（CJJ/T 114—2007）的定义，城市轨道交通为采用轨道结构进行承重和导向的车辆运输系统，依据城市交通总体规划的要求，设置全封闭或部分封闭的专用轨道线路，以列车或单车形式，运送相当规模客流量的公共交通方式。

《城市公共交通分类标准》中还明确城市轨道交通包括地铁系统、有轨电车、单轨系统、轻轨系统、磁浮交通、自动导向轨道系统、市域快速轨道交通系统。

1. 地铁系统

世界上第一条地下铁道于 1863 年在伦敦诞生。地铁是一种大运量的轨道运输系统，采用钢轮钢轨体系，标准轨距为 1435mm，主要在大城市地下空间修筑的隧道中运行，当条件允许时，也可以穿出地面，在地上或是高架桥上运行。按照选用车型的不同，又可分为常规地铁和小断面地铁，根据线路客运规模的不同，又可分为高运量地铁和大运量地铁。地铁车辆的基本车型为 A 型车、B 型车和 L_B 型车（直线电机）三种，A 型车基本宽度为 3000mm；B 型车和 L_B 型车车辆的宽度为 2800mm。每种车型都有带司机室和不带司机室、动车和拖车的区分。地铁系统的列车编组通常由 4～8 辆组成，列车长度为 70～190m，要求线路有较长的站台相匹配，最高行车速度不应小于 80km/h。常见的地铁系统如图 1-1

图1-1　常见的地铁系统

所示。

地铁系统的主要标准及特征如表 1-1 所示。

表 1-1 地铁系统的主要标准及特征

项目		标准及特征		
车辆	车型	A 型	B 型	L$_B$ 型
	车辆基本宽度（mm）	3000	2800	2800
	车辆基本长度（m）	22.0	19.0	16.8
	车辆最大轴重（t）	≤16	≤14	≤13
	车辆编组（辆）	4～8	4～8	4～8
	列车长度（m）	100～190	80～160	70～140
线路	类型、形式	地下、高架及地面，全封闭或部分封闭型		
	线路半径	一般区段≥350m，困难区段≥300m	一般区段≥300m，困难区段≥250m	一般区段≥300m，困难区段≥100m
	线路坡度	一般区段≤30‰，困难区段≤35‰	一般区段≤30‰，困难区段≤35‰	一般区段≤50‰，困难区段≤55‰
客运能力（万人次/h）		4.5～7.0	2.5～5.0	2.5～4.0
供电电压及方式		DC 1500V/750V 接触网或三轨	DC 1500V/750V 接触网或三轨	DC 1500V/750V 接触网或三轨
平均运行速度（km/h）		≥35		

2. 有轨电车

世界上第一条有轨电车线路于 1888 年 5 月在美国弗吉尼亚州里士满正式开通。我国第一条有轨电车线路于 1909 年 3 月 5 日在上海南京路上建成。旧式有轨电车速度低、运量小、舒适性差、技术落后。许多国家都对其进行了改造或拆除。我国的北京、天津、上海、大连、长春、哈尔滨、鞍山、香港、沈阳等城市和地区，都曾经有过有轨电车，目前只有大连、鞍山、长春、香港、沈阳还保留着有轨电车。大连、长春、沈阳还对有轨电车进行了改造。常见的有轨电车系统如图 1-2 所示。

3. 单轨系统

单轨系统是一种车辆与特制轨道梁组合成一体运行的中运量轨道交通系统，轨道梁不仅是车辆的承重结构，同时也是车辆运行的导向轨道。单轨系统的类型

图1-2　常见的有轨电车系统

主要有两种：一种采用车辆跨骑在单片梁上运行的方式，称之为跨座式单轨系统；另一种采用悬挂在单根梁上运行的方式，称之为悬挂式单轨系统。常见的单轨系统如图 1-3 所示。

(a) 跨座式单轨系统

(b) 悬挂式单轨系统

图1-3　常见的单轨系统

4. 轻轨系统

轻轨系统是一种中运量快速轨道交通运输系统。英国、美国称之为"轻轨运输"或"轻轨系统"（light rail transit，LRT）。德国将它称为"城市铁道"，日本称为"轻轨电车"。它可以运行在地下，也可以建成高架轨道的形式，还可在地面运行，它是由现代有轨电车发展起来的，既可在技术上自成体系，也可采用地铁技术制式，几乎与地铁难以辨别。但总体来说，轻轨系统最主要的特征是其运量规模比地铁小，其单向高峰小时断面客流量在 10 000～30 000 人。因此，也把凡是高峰小时断面客流量在这个范围的其他形式轨道交通（如单轨系统、新交通系统、直线电机驱动）的城轨车辆交通等都称之为轻轨交通。常见的轻轨系统如图1-4所示。

图1-4　常见的轻轨系统

5. 磁浮交通

磁浮交通是一种运用"同性相斥、异性相吸"的电磁原理，依靠电磁力使车厢悬浮并行走的轨道运输方式。磁浮交通有常导和超导两种类型。常导式磁浮线路能使车辆浮起10～15mm的高度，运行速度较低，使用感应线性电机来驱动。超导式磁浮线路能使车辆浮起100mm以上，速度较高，使用同步线性电机来驱动，技术难度较大。日本使用的超导式磁悬浮列车时速可达500多千米。德国使用的常导式磁浮列车时速提高到400多千米。我国上海浦东建成的磁悬浮列车最高时速可达430km。常见的磁浮交通如图1-5所示。

图1-5　磁浮交通

6. 市域快速轨道交通系统

市域快速轨道交通系统是一种大运量的轨道运输系统，客运量可达 20～45 万人次／日（一般不采用高峰小时客流量的概念）。市域快速轨道交通系统适用于城市区域内重大经济区之间中长距离的客运系统。市域快速轨道列车主要在地面或高架桥上运行，必要时也可采用隧道。当采用钢轮钢轨体系时，标准轨距为 1435mm，由于线路较长，站间距相应较大，必要时可不设中间车站，因而可选用最高运行速度在 120km/h 以上的快速专用车辆，也可选用中低速磁悬浮列车，通过技术经济比较确定。市域快速轨道交通系统如图 1-6 所示。

图1-6　市域快速轨道交通系统

（1）城市铁路。凡是为城市交通服务的所有形式的轨道交通都可看作城市铁路。这里特指作为干线铁路中的铁路枢纽，利用现有的运输资源，能在市区内开行的公交化（站间距较短、停车次数较多、行车密度较大）旅客列车线路。

（2）城郊铁路。利用干线铁路或修建专用线路，开行于城市中心区到卫星城、卫星城到卫星城间（站间距较大、停车次数较少、行车密度不大）的旅客列车，叫作城郊铁路。它主要用于通勤、通学、旅游、赶集等加强城郊联系的社会、经济活动。

（3）机场铁路联络线。最早出现的机场铁路联络线是从英国伦敦的盖特威克机场到市区维多利亚站之间的铁路，1958 年开始营业。英国伦敦帕丁顿至希思罗机场也修建了快速铁路。从机场到市区的里程一般不超过 30km。它的修建不仅方便了旅客及接送人员，也方便了民航职工。北京东直门至首都机场之间建设的快速轨道交通工程采用直线电机车辆制式，起点为东直门，终点分别至首都机场 2 号和 3 号航站楼，全长 27.3km，全线共设 4 座车站和 1 座车辆基地，车辆最高运行速度为每小时 100km。

现阶段，我国城市机动车的数量仍在不断上升，交通运输以及城市生产布局缺陷矛盾日益突出，以交通拥堵为典型的城市病突出，人类的居住与活动空间一再被压缩，不仅影响广大人民群众的生活质量，同时也制约了城市的进一步发展。

城市轨道交通具有经济、环保、高效等独特优势，对于增加交通运输能力、提高人们的出行效率有积极作用。城市轨道交通不占用地面空间，且运输量大、效率高，运力提高之后选择轨道交通出行的人更多，这样不仅能很好地缓解堵车问题，而且地面机动车数量的减少可以降低汽车尾气排放造成的大气污染；与此同时，城市轨道交通的建设能够带动一系列产业的发展，如基础建设、智能化设备研发、房地产市场开发等，并且对于提升城市综合实力和整体形象、消除城市结构缺陷具有显著的促进作用。同时，也形成了围绕城市轨道交通的上、中、下游产业链。产业链的上游主要是轨道交通的施工准备阶段，包括轨道交通项目的具体规划、统筹与设计工作；产业链的中游主要为开工建设阶段，如土地征用、土建施工、车辆购置等过程；产业链的下游主要指轨道交通后期的运营与维护。从一定程度上来说，轨道交通项目相当于城市的生命线工程，在促进产业链发展、改善城市空间、带动城市内部结构升级等方面具有显著的促进作用。

除上述优点外，轨道交通建设也具有一定的缺点，其缺点主要有投资大、建设周期长、建设工作量大等。通常，一个城市的轨道交通建设从前期规划到落地运营最少需耗用五年的时间，同时，还面临大量的施工设计、准备、建设、通车运营等问题。

1.3　城市轨道交通发展趋势及前景

随着社会经济的快速发展，我国城镇化率逐步提高，城市人口日渐增多，人们也更加注重生活的质量，对出行便利性的要求提高，且随着环保意识的增强，对绿色出行也有了新的要求，在此背景下道路交通拥堵、汽车尾气排放及噪声污染、公交便捷及安全等问题愈发被人们关注。城市轨道交通作为一种电能驱动、快捷便利的公共出行方式受到了众多城市的欢迎，也极大满足了居民的生活需要，在国家政策的推动下，我国城市轨道交通取得了巨大发展。

1.3.1　发展概述

20 世纪 50 年代，我国首次提出地下铁路修建的构想，但由于城市轨道交通项目建设周期长、投资大，特别是早期建设时设备主要依靠进口，价格昂贵，致使建设造价过高，地方财力难以承受，因此制约了城市轨道交通产业的发展，我国的城市轨道交通建设因此经历了相当漫长的探索之路。直至 20 世纪末才有北京、天津、上海、广州 4 个城市的轨道交通开通运营，到 2003 年才就轨道交通的相关建设以及运营等做出了明确规定，提出了有序发展、量力而行的建设发展方针路线。此后，一些发达城市开始了轨道交通的积极筹建工作。2008 年，在全球性金融危机的大背景下，国家推出了一系列经济刺激计划，在城市化发展的必然需求以及经济条件允许的大前提下，城市轨道交通建设进入突飞猛进的发展时期。

1.3.2　发展政策

城市轨道交通作为城市公共交通的重要组成部分，也是城市基建的重要组成部分，其发展离不开政策的支持和推动。

1999 年，我国发布了《关于城市轨道交通设备国产化实施意见》，提出城市轨道交通全部轨道车辆和机电设备的平均国产化率要确保不低于 70%。2003 年，我国发布了《关于加强城市快速轨道交通建设管理的通知》，提出要坚持量力而行、规范管理、稳步发展的方针，确保建设规模与发展速度、城市经济发展水平相适应。《城市轨道交通工程安全质量管理办法》等政策出台，在质量标准和运营安全方面提高了要求。2018 年，由国务院办公厅发布的《关于进一步加强城市轨道交通规划建设管理的意见》中，严格了建设申报条件，进一步促进了城市轨道交通规范有序发展。意见要求申报建设地铁的城市一般公共财政预算收入应在300 亿元以上，地区生产总值在 3000 亿元以上，市区常住人口在 300 万人以上；申报建设轻轨的城市一般公共财政预算收入应在 150 亿元以上，地区生产总值在1500 亿元以上，市区常住人口在 150 万人以上。意见的出台有助于确保城市轨道交通发展规模与实际需求相匹配、建设节奏与支撑能力相适应，有利于各城市根据实际情况适当发展城市轨道交通。

1.3.3　发展现状

进入 21 世纪，尤其是 2008 年以后，我国通过扩大内需，促进经济平稳增长的一揽子计划，带动了国内基础设施建设的发展，加快了城市轨道交通建设。根据我国城市轨道交通协会数据显示，截至 2021 年 10 月，我国共 49 个城市开通城市轨道交通并投入运营，共开通城市轨道交通线路 250 条，运营线路长度达到8087km。实际开行列车 272 万列次，完成客运量 20.5 亿人次、进站量 12.6 亿人次。目前，上海市是我国轨道交通运营里数最长的城市，以 766km 位居各城市之首，承担起了大型公交的运输功能。

我国城市轨道交通以地铁为主，但是由于各地区交通运输环境不同，受到经济和人口密度及历史环境因素的影响，高峰客运需求量不同，其他制式的轨道交通也得到了有效发展。根据数据显示，2020 年底，我国已开通的城市轨道交通包括地铁、轻轨、市域快轨、单轨、现代有轨电车、磁浮交通、旅客自动输送（automatic people mover，APM）系统七种，其中，地铁运营线路占比 79%，轻轨占比 2.73%，市域快轨占比 10.1%，单轨占比 1.23%，现代有轨电车占比 6.09%，磁浮交通占比 0.72%，APM 占比 0.13%。

1.3.4 发展趋势

随着我国城镇化的加快，城市人口数量和密度日益增加，交通压力也随之陡增，轨道交通是缓解交通拥堵问题的必然选择。发展城市轨道交通可以充分利用地下和地上的开发空间，提高土地资源利用效率。随着城市轨道交通网络布局越来越完善，建设项目和规模的不断扩大，为轨道交通的周边产业也带来了新的发展机遇。根据当前各个城市发布的相关数据显示，我国的城市轨道交通规划总里程已接近 3 万 km。

同时物联网、云计算、移动互联网、大数据等新一代信息技术发展突飞猛进，这些新兴技术的应用，将极大推动现代城市与轨道交通智能化的发展。城市轨道交通智能系统在城市交通智能化、信息化、数字化发展中起到至关重要的作用，是未来智慧城市建设的重要内容。

随着技术的进步以及智慧城市的加速推进，城市轨道交通的现代化、智能化、绿色节能特征更加明显。以深圳 2020 年 8 月投入运营的地铁 6 号线和 10 号线为例，在地铁 6、10 号线建设过程中，深圳地铁贯彻生态和智慧设计理念，促进线路建设运营与节能新技术、绿色新能源、减少碳排放等创新技术的结合，积极探索轨道交通与环境、社会的协调发展，走出了一条具有地铁特色的绿色低碳发展之路。如地铁 6 号线首次采用综合减振降噪系统设计，通过 U 梁架设、阻尼钢轨、桥梁减振支座等多种工艺方法，在减振降噪的同时实现减少自重、节约成本的目的。此外，6 号线还引入国内首个绿色环保装配式无砟轨道技术，以减少在市区内的钢筋混凝土工程量。同时，在全线应用再生制动能量回馈装置，在高架车站设置太阳能光伏发电系统，实现低碳环保和节能减排，打造了轨道交通高质量、可持续发展的精彩"深圳样本"。10 号线则依托云计算、大数据技术，建设了调度指挥系统云平台，打造了全国第一条云计算轨道交通线路，这也是国内轨道交通行业首次应用云计算技术综合承载地铁各类调度指挥系统。该系统综合承载了地铁监控系统、乘客信息系统、安防系统、车场智能化系统等，采用数据库云，使地铁 10 号线在"一图全面感知"的基础上实现"一键可知全局"和"一体运行联动"，使线路调度指挥系统更加先进、可靠与节能。此外，6、10 号线还成为全国首次开通前已完成移动、电信和联通三大运营商车站和隧道 5G 信号全覆盖的地铁线路。

1.4 城市轨道交通项目能耗分布及其特点

轨道交通是解决公共交通问题的重要手段，在建设节约型社会的大背景下，轨道交通工程建设同样要充分贯彻落实节能技术措施。轨道交通能耗主要分布在供电系统（列车牵引、动力及照明等）、机电设备（通风空调、车站设备、给排水及消防等）、弱电系统（通信、信号、综合监控、火灾报警系统、建筑自动化系统、自动售检票、门禁等）以及其他方面。城市轨道交通系统各部分能耗分布如图 1-7 所示。

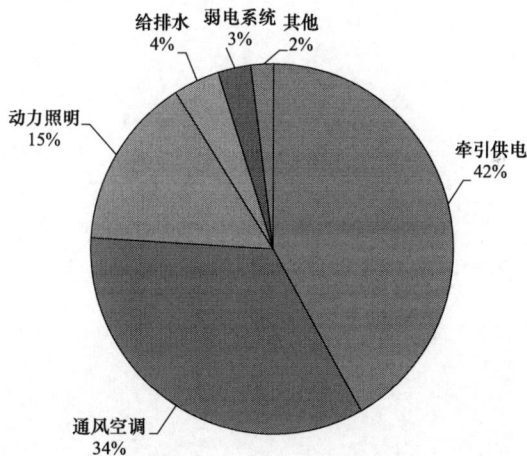

图 1-7 城市轨道交通系统各部分能耗分布

轨道交通工程的能耗具有以下几个特点：

（1）消耗的能源形式以电能为主，目前电力电子技术发展迅速，为提高能效提供了多种措施和解决手段。

（2）能耗分布明确、主次分明，便于各系统从内部发掘节能空间。

（3）轨道交通工程各系统中存在着紧密的联系，要实现轨道交通工程的节能应该重视各系统间的协调及配合，因此轨道交通系统节能是一个综合工程。

（4）轨道交通工程是"百年工程"，提高其能效是长久大计，因此提高能效的措施和理念应长期坚持、与时俱进，避免出现短期行为。

（5）轨道交通工程与市民生活息息相关，因此，轨道交通系统方便市民的同时，应做到绿色、环保及可持续发展。

第2章 城市轨道交通项目节能报告

2.1 节能报告概述

城市轨道交通项目的节能报告是指在项目节能评估的基础上，由有资质单位出具的节能评价报告书、节能评价报告表或节能评价登记表。节能评价，是指根据节能法规、标准，对投资项目的能源利用是否科学合理进行分析评价，评价分析项目是否符合国家和地方的法律、法规、规划、产业政策、行业准入条件以及相关标准、规范等的要求；阐述建设项目设计用能的情况，以科学、严谨的评价方法，客观、全面地分析项目合理用能的先进点和薄弱环节，判定项目合理用能的政策符合性、科学性、可行性，提出合理用能的建议措施；同时，可对项目工艺工序及工艺设备在能源消耗方面是否先进可行进行评价。

2.1.1 节能报告的内容

节能报告一般由项目基本情况、分析评价依据、建设方案节能分析和比选、节能措施、能源消费情况核算及能效水平评价、能源消费影响分析及结论等部分组成。

（1）项目基本情况。主要包括项目建设情况、分析评价范围、报告编制情况的介绍。项目建设情况包括建设单位情况、项目建设相关情况，如项目名称、立项情况、建设地点、项目性质、投资规模、内容简况，以及进度计划和实际进展情况等。分析评价范围说明项目的建设内容，结合行业特征，确定项目节能分析评价的范围，明确节能分析评价对象、内容等。报告编制情况简单说明报告编制过程，报告编制前后项目用能工艺、设备等的主要变化情况等。

（2）分析评价依据。包括对相关法规、政策依据、相关标准规范、相关支撑文件的介绍。相关法规、政策依据包括相关法律、法规、规划、行业准入条件、产业政策等，节能工艺、技术、装备、产品等推荐目录，国家明令淘汰的用能产品、设备、生产工艺等目录。相关标准及规范包括各类国家标准、地方标准或相关行业标准，当它们均适用时，执行其中较严格的标准。相关支撑文件包括项目可行性研究报告，有关设计文件、技术协议、工作文件等技术材料等。

（3）建设方案节能分析和比选。包括工艺方案节能分析比选、总平面布置节

13

能分析评价、主要用能工艺（生产工序）节能分析评价、主要用能设备节能分析评价、辅助生产和附属生产设施节能分析评价及能源计量器具配备方案介绍。

1）工艺方案节能分析比选主要分析评价该工艺方案是否符合行业规划、准入条件、节能设计规范等相关要求，对该工艺方案与当前行业内先进的工艺方案进行对比分析，提出完善工艺方案的建议。

2）总平面布置节能分析评价主要分析项目总平面布置对厂区内能源输送、储存、分配、消费等环节的影响，判断平面布置是否有利于过程节能、方便作业、提高生产效率、减少工序和产品单耗等，提出节能措施建议。

3）主要用能工艺（生产工序）节能分析评价主要介绍项目各主要用能工艺（生产工序），具体分析各用能工艺的工艺方案、用能设备等的选择是否科学合理，提出节能措施建议；分析项目使用热、电等能源是否做到整体统筹、充分利用；计算工序能耗等指标，判断项目工序能耗指标是否满足能耗限额标准或相关标准、规范的要求。

4）用能设备节能分析评价主要列出各用能工艺的主要用能设备的选型情况及能效要求等，分析是否满足能效标准或相关标准、规范的要求，或是否达到同行业先进水平等。提出节能措施建议；列出风机、水泵、变压器、空气压缩机等通用设备的能效水平（或能效要求），与能效标准进行对比，判断能效等级。

5）辅助生产和附属生产设施节能分析评价主要对辅助生产和附属生产的用能系统、主要用能设备进行分析评价。能源计量器具配备方案按电力、煤炭、热力等不同能源品种分类分级列出能源计量器具一览表等。

（4）节能措施。包括节能技术措施、节能管理方案。

1）节能技术措施主要梳理汇总建设方案节能分析比选章节所提出的节能技术措施，分析核算各项措施的技术经济可行性和节能效果，明确项目确定选取的节能效果好、技术经济可行的节能技术措施，对于可量化的节能技术措施列出节能效果汇总表。

2）节能管理方案主要是提出项目能源管理方案。部分行业按照行业要求还需提出项目能源管理体系建设方案，能源管理中心建设及能源统计、监测等节能管理方面的措施、要求等。

（5）能源消费情况核算及能效水平评价。包括项目能源消费情况、项目主要能效指标、项目能效水平评价。

1）项目能源消费情况依据采取节能措施后的项目能源消费情况，测算项目年综合能源消费量、年能源消费增量等。

2）项目主要能效指标依据采取节能措施后的项目基础数据、基本参数等，计算项目主要能效指标。

3）项目能效水平评价对项目主要能效指标的能效水平进行分析评价，评价设计指标是否达到同行业国内领先，或国内先进，或国际先进水平。对于项目能效指标未达到现有同行业、同类项目领先（先进）水平的，报告应客观、细致地分析原因。

（6）能源消费影响分析。包括对所在地完成能耗增量控制目标的影响分析、对所在地完成能耗强度降低目标的影响分析、对所在地完成煤炭消费减量替代目标的影响分析。

1）对所在地完成能耗增量控制目标的影响分析，需要定量计算分析项目对所在省完成能耗增量控制目标的影响程度，定量计算分析项目对所在地市完成能耗增量控制目标的影响程度。

2）对所在地完成能耗强度降低目标的影响分析，测算项目达产之后的增加值及增加值能耗，定量计算分析项目对所在省完成能耗强度降低目标的影响程度，定量计算分析项目对所在地市完成能耗强度降低目标的影响程度。

3）对所在地完成煤炭消费减量替代目标的影响分析，明确煤炭消费减量替代明细表，对替代量进行详细论证核算。分析项目煤炭消费对所在地完成煤炭消费减量替代目标的影响。

（7）结论。一般应包括项目是否符合相关法律法规、政策和标准、规范等的要求，项目能源消费量、能源消费结构等是否满足有关要求，对所在地能耗总量和强度"双控"目标、煤炭消费减量替代目标等的影响，项目能效指标是否满足有关要求，是否达到国内（国际）领先或先进水平，项目有无采用国家明令禁止和淘汰的落后工艺及设备，设备能耗指标是否达到有关水平。

2.1.2　节能报告编制应遵循的原则

（1）专业性。节能报告应保证专业性，编写人员应熟悉节能有关法律政策和标准规范，了解节能报告编制的内容深度要求，具备计算、分析和评价项目能源消费情况，提出有针对性的节能措施，判断项目能效水平和对所在地影响等的专业能力。

（2）真实性。节能报告的编制应从项目实际出发，对项目相关资料、文件和数据的真实性做出分析和判断，本着认真负责的态度，对项目用能情况等进行计算和分析，明确节能分析评价所需基本参数、基础数据等，确保节能报告能够客观、真实地反映项目实际情况。

当项目可行性研究报告、设计文件等文件中包含的资料、数据等能够满足节能分析评价的需要和精度要求时，应通过复核校对后引用；不能满足要求时，应

15

通过现场调研、核算等其他方式获得数据，并重新计算相关指标。

（3）实操性。节能报告应根据项目特点，提出科学、合理、可操作的建设方案、用能工艺调整意见和设备选型意见、节能措施等，为项目开工建设、竣工验收和运营管理等提供具体依据，不能仅做原则性、方向性描述。

为提高节能审查从业人员素质，规范节能审查工作，提升节能审查工作质量和效率，完善节能审查制度体系，国家发展改革委资源节约和环境保护司、国家节能中心组织编写了《固定资产投资项目节能审查系列工作指南》，在该指南中，对节能报告的编制要点、工作程序等进行了详细的介绍，并给出节能报告通用的文本格式作为参考。

2.1.3　节能报告编制工作阶段安排

节能报告编制工作一般分为组建团队、收集材料、编写报告和修订完善四个阶段。具体如下：

（1）组建团队。根据项目特点，组建符合节能报告所需各专业要求的工作团队。报告编制期间，工作团队应保持人员稳定。

（2）收集材料。主要工作包括收集项目有关材料，制订编写方案等，必要时需赴项目现场进行调研。本阶段应重点了解项目所在地有关情况、项目建设方案及实际工作进展，收集和掌握项目节能分析评价必要的基础数据和基本参数等。

（3）编写报告。主要工作包括分析前期收集材料、提出优化建议、计算有关指标和具体编写节能报告等。编写期间，项目建设单位等有关方面应积极参与，认可报告描述的情况和提出的意见建议，编制完成后的节能报告应加盖项目建设单位公章。委托中介机构编制的，应同时加盖中介机构公章。

（4）修订完善。节能报告报送节能审查后，报告编制团队应组织参加节能评审，并根据节能审查（含节能评审）等有关要求，在规定时限内对报告进行修改和完善。

2.2　节能分析评价依据

2.2.1　项目节能报告评价的主要标准

（1）项目建设是否符合国家、省及行业的节能相关法律法规、政策要求、标准规范。

（2）项目选址、总平面布置等是否满足节能要求。

（3）项目工艺技术方案是否采取能源利用效率高的新工艺、新技术。

（4）项目有无采用国家明令禁止和淘汰的落后工艺及设备，核算主要用能设备的能耗指标。

（5）项目所在地能源资源情况评价，分析能源品种选择是否合理、能源供应是否有保障；项目对所在地能源消费的影响评价，项目是否符合所在地节能规划的要求。

（6）核算项目能源消费量及结构、能效指标水平及能源利用效率等指标，计算项目单位产品（产值）能耗指标，并与国内、国际先进指标进行对比，分析项目设计指标在同行业所处的水平。

（7）项目资源综合利用情况、采取的节能措施及效果评价。

（8）项目能源管理及能源计量器具配备是否合理。

（9）评价项目能源利用的科学性和合理性，以及在节能方面存在的问题及建议。

2.2.2　评价依据

节能报告中要列明分析评价的依据，要根据项目的实际情况，按照准确、适用、全面的原则收集项目的分析评价依据。评价依据包括相关法律、法规、部门规章；相关规划、行业准入条件、产业政策；相关标准及规范；相关的节能工艺、技术、装备、产品等推荐目录；国家明令淘汰的生产工艺、用能产品和设备目录；项目立项或设计文件、技术协议及合同等。

（1）具体到轨道交通的设计中，需要遵循的相关法律法规：

1）《中华人民共和国节约能源法》（2018 年修正）。

2）《中华人民共和国可再生能源法（修正案）》（2010 年 4 月 1 日施行）。

3）《民用建筑节能条例》（2008 年 10 月 1 日施行）。

4）《公共机构节能条例》（2017 年 3 月 1 日修订）。

5）《中华人民共和国电力法》（2018 年修正）（中华人民共和国主席令〔2015〕第 24 号）。

6）《中华人民共和国建筑法》（2011 修正）（中华人民共和国主席令〔2011〕第 46 号）。

7）《中华人民共和国清洁生产促进法》（2012 年 7 月 1 日起施行）。

8）《中华人民共和国计量法》（2015 年修正）（中华人民共和国主席令〔1985〕第 28 号）。

9）《中华人民共和国循环经济促进法》（2018 年修正）。

10)《固定资产投资项目节能审查办法》（国家发展改革委 2016 年第 44 号令）。

11)《产业结构调整指导目录（2015 年本）》（国家发展改革委第 36 号令）。

12)《能源效率标识管理办法》（国家发展改革委、国家质检总局 2016 年第 35 号令）。

（2）需要遵循的相关政策：

1)《国务院关于发布实施〈促进产业结构调整暂行规定〉的决定》（国发〔2005〕40 号）。

2)《中国节能技术政策大纲（2006 年）》（发改环资〔2007〕199 号）。

3)《国务院关于印发"十三五"节能减排综合工作方案的通知》（国发〔2016〕74 号）。

4)《关于印发〈加强能源计量工作的意见〉的通知》（国家质量监督检验检疫总局、国家发展改革委，国质检量联〔2005〕247 号）。

5)《国家重点节能低碳技术推广目录（2016 年本，节能部分）》（国家发展改革委，2016 年第 30 号公告）。

6)《半导体照明应用节能评价技术要求（2012 年版）》（国家发展改革委，发改办环资〔2012〕3233 号）。

7)《高耗能特种设备节能监督管理办法》（国家质量监督检验检疫总局令第 116 号）。

8)《高能耗落后机电设备（产品）淘汰目录》（工业和信息化部，第一批～第四批）。

9)《节能机电设备（产品）推荐目录》（工业和信息化部，第一批～第四批）。

（3）需要遵循的相关标准及规范：

1）综合类：

a)《节能评估技术导则》（GB/T 31341—2014）；

b)《用能设备能量平衡通则》（GB/T 2587—2009）；

c)《综合能耗计算通则》（GB/T 2589—2008）。

2）交通类标准规范：

a)《地铁设计规范》（GB 50157—2013）；

b)《城市轨道交通工程项目建设标准》（建标 104—2008）；

c)《城市轨道交通技术规范》（GB 50490—2009）；

d)《城市轨道交通照明》（GB/T 16275—2008）；

e)《供配电系统设计规范》（GB 50052—2009）；

f)《通信局（站）节能设计规范》（YD 5184—2018）；

g）《城市轨道交通直流牵引供电整流机组技术条件》（CJ/T 370—2011）；

h）《地铁车辆通用技术条件》（GB/T 7928—2003）。

2.3　重要内容的评价方法及步骤

应首先介绍项目的主要建设方案；然后对建设方案进行剖析，查找节能方面存在的潜力；最后结合项目实际情况，提出完善建设方案的建议。需要分析和比选的方面包括：

1. 建设方案总体情况

（1）介绍项目推荐选择的建设方案，采用标准对照法、专家判断法等方法，分析评价该方案是否符合行业规划、准入条件、节能设计规范等相关要求。

（2）从节能角度，对该工艺方案与当前行业内先进的工艺方案进行对比分析，提出完善工艺方案的建议。难以进行多方案节能分析比选的项目，应说明情况。

2. 项目总平面布置

结合节能设计标准等有关标准、规范，分析项目总平面布置对厂区内能源输送、储存、分配、消费等环节的影响，判断平面布置是否有利于过程节能、方便作业、提高生产效率、减少工序和产品单耗等提出节能措施建议。

3. 生产工序、用能工艺

具体分析项目各主要工艺（工序）的用能流程是否科学合理，分析项目使用热、电等能源是否做到整体统筹、充分利用，提出提高能效的措施建议。建议按照用能工艺（生产工序）分节进行分析和评价，主要包括以下内容：

（1）介绍项目各主要用能工艺（生产工序），具体分析各用能工艺的工艺方案、用能设备，以及能源品种等的选择是否科学合理，提出节能措施建议。主要包括各用能工艺选择的工艺方案、工艺参数等是否先进；主要用能设备的选型是否合理，能源品种是否科学。应根据项目工艺要求和基本参数等，定量计算设备容量（额定功率）、评价裕度等主要参数的合理性。

（2）分析项目使用热、电等能源是否做到整体统筹、充分利用。如热系统设置方案是否合理，避免反复加热或将高品质热能降质使用；供配电及用电系统配置是否科学；余热余能是否得到充分利用，能否结合外部条件提高能源利用效率、减少能源浪费等。

（3）计算工序能耗等指标，判断项目工序能耗指标是否满足能耗限额标准或相关标准、规范的要求，是否达到同行业先进水平等。计算过程复杂的，应附计算书。

非生产性项目，可将本部分与"1.建设方案总体情况"合并编制。

4. 主要用能设备

具体分析项目主要用能设备的选型是否科学合理，建议分用能系统对设备进行分析评价，主要包括以下内容：

（1）列出主要用能工艺（生产工序）的主要用能设备的选型情况，包括型号、参数、数量、安装地点，以及对设备的能效要求等，对比分析是否满足能效标准或相关标准、规范的要求，或与同类项目的主要用能设备能效水平进行对比，判断是否达到同行业先进水平等。

（2）列出电动机、风机、水泵、空压机、变压器等通用设备的能效水平（或能效要求），并与有关能效标准进行对比，判断能效等级。高耗能项目的用能设备应达到一级能效水平。

5. 辅助生产和附属生产设施

对辅助生产和附属生产的用能系统、用能设备进行分析评价。评价内容参考"3.生产工序、用能工艺"和"4.主要用能设备"，可根据实际情况适当简化。

6. 能源计量器具配备方案

按照《用能单位能源计量器具配备与管理通则》（GB 17167）等，结合行业特点和要求，编制项目能源计量器具配备方案，列出能源、计量器具一览表等。

能源计量器具一览表应按能源分类列出计量器具的名称、规格、准确度等级、用途、安装使用地点、数量等，主要次级用能单位和主要用能设备建立独立的能源计量器具一览表分表。

2.4 节 能 措 施 分 析

梳理项目可采用的节能措施，并通过技术论证和节能效果核算，确定节能效果好、技术经济可行的节能措施。

1. 节能技术措施

针对项目在节能方面存在的问题、可以继续提高能效的环节，提出相应的方案调整意见、节能措施、设备选型建议等。根据项目的实际情况，分析这些措施在技术上是否可行；计算节能措施的节能效果，评价在经济上是否合理。根据分析计算结果，选取节能效果好、技术经济可行的节能技术措施。

梳理汇总建设方案节能分析比选章节所提出的节能技术措施，分析核算各项措施的技术经济可行性和节能效果，明确项目确定选取的节能效果好、技术经济可行的节能技术措施，对于可量化的节能技术措施列出节能效果汇总表。

2. 节能管理措施

按照《能源管理体系要求》(GB/T 23331)、《工业企业能源管理导则》(GB/T 15587)等有关要求，提出项目能源管理方案。部分行业按照行业要求还需提出项目能源管理体系建设方案，能源管理中心建设以及能源统计、监测等节能管理方面的措施和要求。

2.5　能 源 消 费 影 响

2.5.1　能源消费影响计算

计算方法、计算过程应清晰、准确，计算中所引用的基础数据应有明确来源或核算过程，基础数据、基本参数的选择、核算过程应清晰。数据计算较为复杂，影响报告正文结构时，应另附计算书。

(1)论述项目基础数据、基本参数的选择或核算情况，基础数据应有详细的基本参数支撑和明确的计算过程。

(2)年综合能源消费量、年能源消费增量依据采取节能措施后的项目用能情况，测算项目年综合能源消费量。项目年综合能源消费量应分别测算当量值和等价值两个数值。用能单位外购的能源，其能源折算系数可参照国家统计局有关数据；用能单位自产的能源，其能源折算系数根据实际投入产出自行计算。新建项目的年能源消费增量为年综合能源消费量，改扩建项目为建成投产后年综合能源消费增量。

根据《能源统计工作手册》，综合能源消费量指行业、企业范围内在一定时期消费的各种能源的总量。针对固定资产投资项目，在节能评审阶段项目年综合能源消费量可定义为：项目在设计工况、设计产能下，全年消费的各种能源（扣除能源加工转换和能源回收利用等重复因素）的总量。

项目年综合能源消费量计算需要遵循以下原则：

1)谁消费、谁计算。

2)"实际消耗"的数量原则。要剔除各个能源品种加工、转换的重复消费因素；作为原料使用的能源不论使用多少次，只能将第一次使用的数量计算为能源消费。项目的综合能源消费量不包括该项目回收的余热、余能在该项目的利用量。

3)耗能工质（如水、氧气、压缩空气等）不论是外购的还是自产自用的，均不计算在能源消费量中（计算单位产品能耗时是否包括耗能工质，视指标的具体规定而定）。但项目生产耗能工质消费的能源，则必须统计能源消费量。

计入能源消费的能源包括原煤、原油、天然气、水能、核能、风能、太阳能、地热能、生物质能等一次能源；一次能源通过加工转换产生的洗煤、焦炭、煤气、电力、热力、成品油等二次能源和同时产生的其他产品；其他化石能源、可再生能源和新能源。其中水能、风能、太阳能、地热能、生物质能等可再生能源，是指通过一定技术手段获得的，并作为商品能源使用的部分。各种能源的折标系数应采用能源低位发热量的实测值进行折算，若无实测值可参考相关标准或统计局公布数据进行折算。

年综合能源消费量的计算方法：综合能源消费量＝各种能源消费（包括能源加工转换的投入量和回收能消费量，折标准煤）的合计－能源加工转换产出量（折标准煤）的合计－回收能利用量（折标准煤）的合计。其中，回收能利用量（折标准煤）＝回收能消费量（折标准煤）＋余热、余能和其加工转换的能源产品的对外供应量（折标准煤）。

（3）计算主要能效指标。依据项目基础数据、基本参数等，按照行业相关标准要求，核算（测算）各环节能源消耗量，计算项目主要能效指标。在计算能效指标时，应注意与相关标准、规范等所采用的电力指标系数一致，便于对比分析。

对项目建成投产后的增加值及增加值能耗进行测算。增加值的计算应有详细的计算过程。

2.5.2 能源消费影响评价

采用标准对照法、类比分析法等方法对项目主要能效指标的能效水平进行评价。指标主要包括单位产品（量）综合能耗、可比能耗、主要工序（艺）单耗、单位增加值能耗等。

对于项目能效指标未达到现有同行业、同类项目领先（先进）水平的，报告应客观、细致地分析原因。

基本要求：根据项目所在地能耗总量和强度"双控"目标要求，合理分析和判断项目对所在地的影响。对于预计下一个规划期投产的项目，暂参照当期项目所在地有关情况进行评价。

（1）对所在地完成能耗增量控制目标的影响分析。将测算得出的项目年能源消费增量与所在地能耗增量控制目标进行对比，分析判断项目对所在地完成能耗增量控制目标的影响。

（2）对所在地完成能耗强度降低目标的影响分析。计算项目单位增加值能耗指标，分析项目对所在地完成能耗强度降低目标的影响。

（3）对所在地完成煤炭消费减量替代目标的影响分析。有煤炭消费减量替代目标的地区和城市，新建耗煤项目要明确煤炭消费减量替代方案，对替代量进行详细论证和核算，并分析项目煤炭消费对所在地完成煤炭消费减量替代目标的影响。

项目对所在地完成能耗增量控制目标的影响分析，可通过定量计算项目年能源消费增量占所在地能耗增量控制目标的比重，定性分析其影响程度。

项目对所在地完成能耗强度降低目标的影响分析，可通过定量计算项目增加值能耗影响所在地单位 GDP 能耗的比例，定性分析影响程度。

项目能源消费中对超出规划部分可再生能源消费量，不纳入能耗总量和强度目标考核。

详细计算及判定方法如表 2-1 所示。

表 2-1　　　　　　　　　计 算 及 判 定 方 法

项目年能源消费增量与所在地能耗增量控制目标的对比分析（%）	项目增加值能耗与所在地能耗强度降低目标的对比分析（%）	影响程度
$m \leqslant 1$	$n \leqslant 0.1$	影响较小
$1 < m \leqslant 3$	$0.1 < n \leqslant 0.3$	一定影响
$3 < m \leqslant 10$	$0.3 < n \leqslant 1$	较大影响
$10 < m \leqslant 20$	$1 < n \leqslant 3$	重大影响
$m > 20$	$n > 3$	决定性影响

m 值计算公式为

$$m = i_p / i_s \qquad\qquad (2-1)$$

式中：m 为项目年能源消费增量占所在地能耗增量控制目标的比例；i_p 为项目年能源消费增量（等价值或当量值）；新建项目为年综合能源消费量，改扩建项目为建成投产后年综合能源消费增量；i_s 为所在地能耗增量控制目标；建议考虑已通过节能审查项目带来的能源消费增量，综合判断项目对所在地的影响；对于预期在下一个五年规划期建成投产的项目，可暂按本规划期类比。

n 值计算公式为

$$n = [(a+d)/(b+e) - c]/c \qquad\qquad (2-2)$$

式中：n 为项目增加值能耗对所在地能耗强度的影响比例；a 为上一个五年计划末年项目所在地能源消费总量；b 为上一个五年计划末年项目所在地生产总值，万元；c 为上一个五年计划末年项目所在地单位 GDP 能耗；d 为项目年综合能源消费量；e 为项目年增加值，万元。

第3章 绿色节能设计的要求及原则

3.1 绿色节能设计的要求

随着人口的增多，一些大城市人口密度以及私人汽车保有量爆炸式地增长，导致城市的宜居性受到严重挑战，因此绿色城市轨道交通成为城市发展进程的重要组成部分。在进行绿色城市轨道交通设计时，必须结合我国的国情以及地区的具体实际情况，在保障施工、运行满足安全可靠的前提下，综合应用各种节能技术措施和手段，选用合理的设计方案，全面规划达到节能的效果，最大限度地节约资源（节能、节地、节水、节材）、保护环境和减少污染，为人们提供健康、适用、安全和高效的城市公共交通系统。

绿色节能设计要求在现实设计过程中秉持绿色节能的原则，在保证安全可靠及功能完整的前提下尽可能精简地铁的规模、减少地铁内部各个部分运行时的能源消耗，用最少的资源发挥出最大效率，将资源的利用率最大化，在为人们提供安全、舒适、便捷乘坐环境的前提下，将城市轨道交通对环境的不利影响降到最低。把建设"环境友好型""经济节约型"的绿色城市轨道交通的理念贯穿在城市轨道交通建设的全过程，包括施工、选址、确定规模、规划设计、施工管理、材料选择、运营维护、水资源利用及回收利用等各个环节。线路、车辆、建筑、结构、给排水、通风空调、供电、通信信号、照明等各专业应相互配合，结合轨道交通体量大、涉及范围广、与人民生活紧密联系等特点，综合考虑轨道交通使用寿命期间的技术与经济特性，采用有利于可持续发展的节能措施与技术。绿色轨道交通的设计应秉持保证在轨道交通运行期间安全耐久、服务便捷、健康舒适、环境保护、资源节约的原则，并将建筑信息模型（building information model，BIM）的应用贯穿在绿色城市轨道交通的设计、施工和运营全过程，以便于城市轨道交通的设计与建设中所涉及的专业能够数据共享，有助于提升建设质量、效率及减少不必要的重复性工作和材料浪费。绿色城市轨道交通设计应因地制宜积极采用新技术、新工艺、新材料、新理念，响应国家可持续发展政策和当地政府部门的节能要求。

3.2 绿色节能设计原则

绿色城市轨道交通的设计涉及多学科、多领域，其中包括站场建筑设计、车辆选择、线路规划等，在这些专业领域单元都有着各自的绿色节能原则和要求，因此在进行绿色城市轨道交通设计时，都要对这些要求和原则认真落实和贯彻。

3.2.1 线路节能设计的原则

城市轨道交通的线路选址规划应考虑周边土地储备和开发条件，优先考虑以公共交通为导向（transit-oriented development，TOD）的一体化开发，实现轨道交通引导规划、引领城市发展的作用。线路选址规划应避开洪灾、滑坡及化学污染等不良地段，以保障轨道交通后期的安全运行。轨道交通线路应避让文物、保护区、饮用水源、基本农田等不良水文地质、工程地质地段，减少房屋和地线管道拆迁，保护文物和重要建筑，减少线路对生态环境的影响。城市轨道交通线路铺设时应根据沿线的土地利用规划、自然条件、环境保护、自身功能定位等合理安排铺设方式和资金投入。

3.2.2 车辆节能设计的原则

在城市轨道交通车辆设计中，应当在满足结构强度和刚度的情况下降低车辆自身质量，选用轻量化结构或者轻量化材料，车辆结构兼备隔热、降噪、防噪声等优良特性。在车辆材料选材中应当根据国家的相关规定，合理选择车辆内饰材料与车辆涂漆，保障乘客安全与健康。优选门窗、空调、照明等车辆设备，提高车辆的绿色性、安全性、封闭性和舒适性。

3.2.3 建筑节能设计的原则

城市轨道交通的建筑以车站建筑和车辆基地（含车辆段和停车场）建筑为主。在进行绿色城市轨道交通的建筑设计时必须遵循因地制宜的原则，考虑地域的气候、资源、文化、经济及城市现有基础建设等条件，努力将城市轨道交通建筑建设成在其全生命周期内安全耐久、环境健康、资源节约等各个方面都节能绿色的友好型建筑。

1. 车站建筑节能原则

车站的规划选址和总体布局应符合所在地城市规划、城市综合交通规划、文物保护、场地安全、环境保护和城市景观的要求。按照预测的该地区远期客流量和列车最大通过能力以及城市特点来设计车站的规模大小，控制成本、合理投资、空间高效利用。

车站的设计应贯彻国家"创新、协调、绿色、开放、共享"五大新发展理念，遵循在车站全生命周期内成本合理的原则，落实"适用、经济、安全、绿色、美观"的建筑方针，推动轨道交通绿色车站建筑发展。

我国幅员辽阔，气候多样，在不同的地区有着不同的气候特征，因此根据累年最冷月（1月）和最热月（7月）平均温度、累日平均温度不超过5℃和不低于25℃的天数这两种指标，将全国划分成5个区，即严寒、寒冷、夏热冬冷、夏热冬暖和温和地区。因此在城市轨道车站建筑设计时应当根据不同的建筑热工区，综合考虑站内温度、空气湿度等，对车站总体布局、建筑材料、站内设备进行合理化设计和选择。

2. 车辆基地建筑节能原则

车辆基地设计时应将绿色原则贯穿其全生命周期，通风、建筑、结构、智能控制等各专业协同设计，采用可持续发展技术、设备和材料。车辆基地设计同样要因地制宜降低工程造价、减少土地浪费、保护生态环境。

车辆基地内的综合办公楼、司机公寓等民用建筑功能用房，设计时应严格执行《公共建筑节能设计标准》（GB 50189）及所在地区相关节能标准。提高办公和居住人员的生活环境，提高办公生活舒适性，实现节能减排。

车辆基地的选址应在遵循各地相关规定前提下，因地制宜保护生态保护区、保护农田、保护文物和重要建筑、保护地下资源；避开工程条件不利的洪灾、泥石流、滑坡、水文地质不良的地段；根据全线用地情况以及城市人员密度，合理布局车辆基地位置，减少出入线长度，减少土地占用，降低投资和运营成本。

3.2.4　机电系统节能设计的原则

在对城市轨道交通的主变电站、车辆基地及换乘车站降压变电站、通风空调、给排水、通信、安检等设备机房进行设计时，应当充分考虑资源共享，减少设备容量和占地面积。在城市轨道交通的供电系统设计时，应当遵循集中供电的原则，减少电缆消耗，降低成本，也方便后期的控制和管理。对于供电、空调等设备的选择和设置应当根据城市人口密度和未来的行车密度进行选型和设置，在保障安全和乘客舒适度的前提下做到节能减排，降低成本。

第4章 规 划 选 址

4.1 节 能 原 理

4.1.1 车站选址

车站节能以满足轨道交通功能需求为主，本着"以人为本，乘降安全，经济适用，简约美观"的原则，根据客流量大小、线路条件和站址环境，因地制宜合理确定车站的空间规模，满足乘客使用需求，做到安全方便、疏导迅速、布置紧凑、便于管理。车站在设计时建筑平面布置应紧凑，避免设置不必要的地下空间；控制车站主体和附属设施的总面积，应尽可能合理利用空间，以减少车站动力照明和通风空调所需能源，从而降低设备能耗和运营成本。总体布局符合城市规划、交通规划、环境保护以及城市景观的要求，并妥善处理好与地面建筑、地下管线、地下构筑物等之间的关系，站位尽量减少房屋拆迁、管线迁移和施工时对地面建筑物、地面交通及市民的影响。

4.1.2 车辆基地选址

根据《地铁设计规范》（GB 50157—2013），可根据具体情况，一条线路设置一座或几条线路合建一座车辆基地。当一条线路长度超过 20km 时，可根据运营需要，在适当位置增设停车场。车辆基地选址应符合城市规划的要求，尽量设于郊区或城市边缘区域，减少拆迁工程，并有利于环境保护，与城市发展和谐统一；应综合考虑城市快速轨道交通、中低运量轨道交通线网规划及其车辆基地的分布，避免重复建设；对车辆基地进行统筹规划、实现资源共享，以提高设备和设施的利用率，节省用地和投资；站场股道、房屋建筑、设备与设施的布置，应根据生产性质、作业要求，结合地形、地貌、地质、水文、气象条件，充分考虑消防、卫生、通风、排水、采光、绿化、环境保护等方面的要求。

在分析车辆基地的功能需求和充分利用所选段址的地形地貌和周围环境的基础上，以确保修车质量和生产安全、满足工艺要求为前提，以努力提高作业效率、减轻繁重体力劳动、改善劳动条件、节省工程投资、降低生产成本、节能环保和零排放、获取最佳综合效益为目的，车辆段的设计遵循以下基本原则：

（1）根据有利生产、安全和方便管理、方便生活的原则，以车辆段为主体，充分考虑综合基地内各系统的功能特点进行分区或分层布置，力求紧凑、整齐、经济合理，使用和管理方便，避免相互干扰。

（2）根据城市轨道交通的特点，出入段线不宜少于两条线，确保列车进出互不干扰。

（3）线路的配置应满足各种生产功能的要求，充分考虑列车的特点和运用检修的要求，力求布置顺畅、作业方便，避免车辆在段内互相干扰，尽量缩短列车的空走距离。

（4）房屋及设备根据检修作业工艺流程和生产性质按系统布置，并综合考虑消防、卫生、通风、采光、道路、管道敷设、绿化、环保及城市规划等方面的有关要求，房屋设施适当集中，力求布置齐整、紧凑、合理，为安全作业、文明生产创造条件，同时便于城市电力线路、煤气管线、热力管线、给排水等市政管道的引入和道路的连接。

（5）列车洗刷设备宜按贯通式布置，以提高洗车作业效率，减少对其他作业的干扰。

（6）综合维修中心的设施靠近车辆检修设施，以利于部分设备共用。大部分房屋集中设置。

（7）物资总库尽量靠近主干道布置，具备方便的运输条件；设置材料堆场，以便材料的储存和发放。

（8）场地内合理布置排水设施及污水处理系统。工业废水应在车辆段污水处理站进行隔油处理，去除有害物质，在有城市污水厂覆盖的条件下，达到相应排放标准后和生活污水合并排入市政管网；在无城市污水厂覆盖条件下，要处理到达到排入环境水体的排水标准。

（9）车辆段的运用、整备、检修设施按近期规模设计，远期规模预留，地面建筑根据工艺要求按近、远期相结合建设，对于不易改、扩建的建筑物按远期要求一次建成；车辆段与综合基地的用地范围按远期设计规模控制。

（10）重视对地块内植被和自然水系的保护，车辆段与综合基地的总平面布置应力求少占水塘，少挖山体，同时应与周边环境相结合。

停车场设计参照车辆段的设计基本原则。

4.1.3　主变电站选址

主变电站的设置从整个线网角度入手，保证轨道交通供电系统的安全性、可靠性、灵活性、经济性；以轨道交通线网规划、城市规划为依据，根据线网建设时序，统筹规划线网主变电站布局；位置选择优先考虑安全、可靠性要求，靠近负荷中心，邻近轨道交通线路布置，满足中压网络线路压降、线路损耗等经济技术指标要求。

4.2 节 能 设 计

4.2.1 合理布局车站选址

1. 总体合理布局

节能不单是指对降低建筑物本身使用过程的能耗，同时应该本着资源优化理念，建立起综合节能的观念，妥善处理好与地面建筑、地下管线、地下构筑物等之间的关系，尽量减少房屋拆迁、管线迁移和施工时对地面建筑物、地面交通及市民的影响。

2. 确定合理的车站规模

合理确定与车站功能相匹配的建筑规模，以满足轨道交通功能需求为主，对车站埋深和设计方案进行比选；对车站工法、站型、站位的选择及站台宽度进行合理计算，从而对车站功能布局与规模进行控制。车站公共区的照明、通风空调的平均设计标准要高于内部设备用房。故在满足功能要求和使用舒适度的前提下，控制公共区面积规模；对客流进行合理组织，避免进出客流的交叉，从而优化公共区的建筑面积和内部用房区的面积比例。

车站形式根据客流大小、线路条件和站址环境，因地制宜确定。在满足功能要求的前提下，尽量优化建筑布置，压缩建筑规模，减少车站埋深，减小对周边环境的影响，考虑可持续发展，节省投资。

3. 优化布置车站管理用房

对车站的管理用房进行合理设置，如车站一端集中设置有人的管理设备用房、功能相近的用房贴邻布置，可以减少设备管网的迂回，有利于减小设备管线传输距离，减少传输过程中的能量损失；设备管理用房应布置紧凑，面积适中；人员常停留的房间集中设置，联系密切的设备房间集中布置；地下车站降压变电站位置应接近车站负荷中心设置，可减少设备管线敷设及传输距离，减少传输过程中的能量损失，降低能耗。

车站方案重视合理布置公共区，在满足系统功能要求的前提下，采用标准化、规模化、集约化设计，控制公共区面积规模，从而使得与之相匹配的设备专业的设计容量和设备数量相应减少，从总体上控制地下车站照明和通风空调的能源消耗总量。

4. 优先采用自然通风与光源

如条件允许，车站优先采用自然通风和天然采光，合理确定地下站埋深及地上站外立面形式。

4.2.2　优化车辆基地选址

车辆基地的选址除了要考虑方便车辆进出，还需要考虑基地内各库线布置的方便。各库线应布置紧凑，进路顺畅；车辆基地内部应交通方便，减少作业时的内部能耗。

考虑中水处理回用系统和雨水利用，最大限度节约水资源。生产用水，特别是车辆和零部件的清洗用水，应设置配套的水循环处理设备，实现清洗水处理后的重复使用；室内生活污废水采用合流制，室外采用雨水与污废水分流制。生产废水经隔油池处理后与生活污废水一起纳入市政污水系统，雨水纳入市政雨水系统。

4.2.3　合理分布主变电站选址

主变电站位置选择要满足安全可靠性要求，靠近负荷中心，邻近轨道交通线路布置，满足中压网络线路压降、线路损耗等经济技术指标要求。主变电站应选址在靠近城市电源变电站、多条线路换乘车站附近且交通方便的位置，减少高压电力线路建设费用，方便设备运输和电力线路进出，减少中压线路建设费用，方便中压电缆接入。

主变电站选址在满足地铁供电系统安全可靠运行的前提下，尽量减少主变电站设置的数量，减少对城市土地资源和能源的消耗，如采用全地下主变电站。

4.3 节 能 效 果

4.3.1　车站节能效果

地下车站完全埋于地下，与外部的冷热交换相对较弱，能源消耗主要为建筑内部照明、空调和通风所需要的能源。在设计中应尽可能合理利用空间，减小车站规模、减少地下车站埋深，从而使得与之相匹配的机电设备专业设计容量和设备数量相应减少，从总体上控制地下车站照明、空调和通风的能源消耗总量，在减少工程投资的同时，为今后运营节能创造条件。

出入口结合采光、通风与照明，在为地下区域带来光照与空气流通的同时，结合出入口的朝向，在全线统一风格的前提下，采取合理的遮阳设施，降低夏季太阳光对地下空间的过分热辐射带来的内部空气处理负荷增大的负面影响。

车站站位的布设和出入口的选定需满足城市规划、交通规划、环境保护和城市景观的要求。车站总体布局能够妥善处理与地面建筑、地下管线、地下构筑物等之间的关系，尽量减少房屋拆迁、管线迁改和施工对地面建筑物、地面交通及市民的影响。从而合理地利用资源，减少不必要的人力、物力和财力的消耗。

4.3.2　车辆基地节能效果

车辆基地各耗能系统应合理选取设备，如通风空调设备的工作点应位于设备的高效区，保证设备的节能运行，而照明选取光效比较高的设备，满足正常工作的同时实现节能运行。

（1）建筑。车辆基地为地面建筑，围护结构的热工性能应符合《公共建筑节能设计标准》的要求，且应执行《绿色建筑评价标准》（GB/T 50378）。同时结合采光、通风、照明，在保证建筑形象特征的同时减少太阳的热辐射，降低夏季太阳光过分热辐射而带来的内部空气处理负荷增大的负面影响。

（2）通风空调。将不同室内设计参数、不同运行时间的房间分开进行设置。同时部分厂房在满足卫生、环保或生产工艺的前提下，优先利用自然通风或是采取机械通风与自然通风相结合。办公用房采用集中供冷系统。

（3）车辆基地设备节能。

1）设备优先选用国家推荐的节能型产品，优先使用节能新技术、新工艺、新材料、新设备：①交流弧焊机均配置电焊机空载自停装置，并选用部分低损耗节能型弧焊机。②空气压缩机采用单螺杆式压缩机，与活塞式压缩机相比，单机功率降低 10% 左右。

2）能源使用尽可能做到回收利用、循环使用；如洗车机用水量较大，设备选型时将洗车后的水收集并经处理后循环使用，充分节约能源。

3）合理选用设备容量。如起重机、内燃机车和叉车等设备，设备使用率高且能耗大，设计中认真分析设备使用的工况及负载状况，合理选用设备容量对于节约能源意义较大。

4.3.3　主变电站节能效果

主变电站的通风空调系统将不同室内设计参数、不同运行时间的房间分开设置。同时部分房间在满足卫生、环保和生产工艺的前提下，优先利用自然通风或机械通风与自然通风相结合的形式。所有房间分为需空调的工艺用房、管理用房和不需空调的管理设备用房和高大厂房（车辆基地），对于高大厂房优先采用自然通风或机械通风与自然通风相结合的形式。自然通风对改善厂房、车间人员活动区的卫生条件是最节能、最经济的方法。在夏季，对散发热量的厂房、车间，应尽量采用自然通风；在冬季，当室外空气直接进入室内不致形成雾气和维护结构内表面不致产生凝结水时，也应考虑采用自然通风。只有当自然通风达不到卫生等要求时，才考虑增设机械通风或机械通风与自然通风相结合的形式。

第5章 线　　路

5.1 节　能　原　理

根据《列车牵引计算规程》的解释，列车运行模拟时，可视为一个质点处理，列车的实际运行状态符合如下运动学方程式。

$$a = [1/(1+\gamma)] \times 0.009\,81c \qquad (5-1)$$

式中：γ 为回转质量系数，即列车回转质量与列车总质量之比；c 为单位合力，N/kN；a 为加速度，m/s²。

$$c = f_y - w - b$$

式中：f_y 为列车单位牵引力，N/kN；w 为单位全阻力，N/kN；b 为单位制动力，N/kN。

其中，单位全阻力有单位基本阻力和单位附加阻力之分，单位附加阻力又包括坡道阻力、曲线阻力、隧道阻力。对于单位坡道阻力又有 $w_i = i$，即单位坡道阻力在数值上等于坡度千分数 i。

所以，线路的节能设计关键在减小线路的基本阻力和附加阻力，对于线路来说，主要在减小坡道阻力、曲线阻力和隧道阻力。

5.1.1 节能坡

坡道对牵引能耗的影响主要表现在重力势能的改变上。列车在上坡段运行时，牵引力克服重力做功，导致能耗增加；在下坡道运行时，重力分量和牵引力在同一方向上做功，能耗减少。所以，坡道的设计对列车的牵引能耗也有着十分重要的影响。

节能坡设计就是合理设计地铁区间坡度及坡长。节能坡可使列车在出站时通过区间下坡迅速将重力势能转化为动能，从而减少牵引电能消耗，并使列车在最短时间内到达目标速度；之后，列车匀速行驶；当列车将要进站时，则借助上坡，将列车动能转化为重力势能，不仅能降低列车速度，缩短制动时间，还能减少制动发热，降低能量消耗。

由上述对列车运行受力分析及对坡道千分数定义解释可以看出，线路节能坡的设计就是通过对线路坡段坡度、长度的合理设计，以改变列车受力，优化列车运行操纵，从而达到减少能量消耗的目的。

节能坡的方案研究是在满足地铁线路合理选线的基础上，利用列车模拟仿真软件，对多个方案进行能耗等指标计算，从而确定出相对科学的线路优化方案。其优点如下：

（1）在地铁工程设计总过程贯彻节能控制总目标。由于从工程设计开始就考虑了综合运营目标的相互协调，使整个工程尽可能优化，从而避免了各专业间由于孤立设计而造成的工程浪费。

（2）由于线路纵断面是在列车运行仿真模拟的条件下设计出来的，这样可以最大限度地接近运营列车的实际运行情况，能够更好地达到地铁系统远期的功能目标。

（3）能耗问题是地铁运营面临的长期问题，能量消耗费用一般在地铁运营支出中占较大比例。因此，比较优的纵断面设计，能够在很大程度上降低地铁的长期运营支出，符合国家节能减排的要求。

（4）在地铁建设初期就考虑了列车运行要求，这样不仅增加了安全可靠性，同时也简化了司机的操纵过程，为自动驾驶简化了控制程序。

地铁列车一般采用逐站停车的运营模式，列车由车站静止发车至达到营运速度目标值是列车区间运行能量消耗最大的时间段。由于线路上下行一般在同一线路上，应主要考虑在车站两端设置节能坡。即在列车出站方向，通过设置适当长度、适当坡度的节能坡，使列车在前进方向获得一个负值的 i，在满足列车启动加速度要求的前提下，减少 f_y 值，以达到减少列车从电网取流时间，从而实现节能的目的。同样，在列车进站方向，通过节能坡使列车在前进方向获得一个正值的 i，在满足列车制动减速度要求的前提下，减少 b 值，以达到减少列车能量电阻损耗（不考虑能量再生情况）值，从而达到进一步降低地铁运营环控系统耗能的目的。节能坡的设计应符合《地铁设计规范》对线路纵断面设计的要求，其中正线的最大坡度不宜大于 30‰，困难地段可采用 35‰；地下车站站台计算长度段线路坡度宜采用 2‰，在困难条件下，地下车站站台可设在不大于 3‰ 的坡度上。节能坡坡度的设置可选择 20‰～30‰，节能坡的坡段长度以出站牵引至最高速度的距离与进站制动距离相结合为依据，根据车站间距、列车加速度、列车制动初速、坡段坡度等具体因素设置合理值。

5.1.2　线路的曲线半径

曲线半径是线路条件的重要组成部分，当列车通过曲线时，由于离心力的作用，使外侧车轮轮缘紧压外轨，摩擦增大；同时由于内侧车轮和外侧车轮的滚动长度不同，车轮的滑行较大等原因，给运行中的列车造成了曲线附加阻力。曲线半径对能耗的影响主要体现在曲线附加阻力的增加，曲线半径越小，列车受到的阻力越大，从而增加了列车的牵引能耗。

为了缩短线路长度，降低工程投资，在线路平面设计中应尽可能采用大半径曲线，因此在条件允许的情况下，应尽量采用大半径的曲线来消除钢轨磨耗、缩短线路长度。在条件受控的情况下，采用小半径曲线可以提高选线的灵活性，更好地适应地形变化，减少拆迁，降低工程投资，平面曲线半径宜从大到小选用。

曲线半径与阻力的关系

$$W = A/R \qquad (5-2)$$

式中：W 为单位曲线阻力，即每吨质量所受到的曲线附加阻力，kg/t；R 为曲线半径，m；A 为系数，当列车长度小于或等于曲线长度时取值 600，当列车长度大于曲线长度时取值为 $600S/l$，其中 S 为曲线长度，m；l 为列车长度，m。

5.1.3　站间距

站间距对运行能耗的影响主要体现在启停过程中产生的能源消耗。在站间距较短的情况下，列车在区间内运行势必会较频繁地启动和制动，能源消耗量较大。虽然列车在制动过程中将一部分动能回馈牵引网，但这一部分难以弥补制动造成的动能损失。因此，过短的站间距必定会导致牵引能耗的增加。要在充分满足沿线客运需求的前提下，适当增大车站间距，才能达到节能的目的。

5.1.4　线路敷设

线路敷设方式应根据城市总体规划和地理环境条件，因地制宜选定。在城市中心区宜采用地下线；在中心城区以外地段，道路红线较宽时，可采用高架线；有条件地段也可采用地面线；高架线路应注重结构造型和控制规模、体量，并应注意高度、跨度、宽度的比例协调，高架线应减小对地面交通、周边环境和城市景观的影响。

5.2　节　能　设　计

5.2.1　采用节能坡

为了降低牵引能耗，目前在线路纵断面设计中较为有效的做法是设置"高站位、低区间"的"V"形或"W"形节能坡，"V"形坡示意图如图 5-1 所示。坡

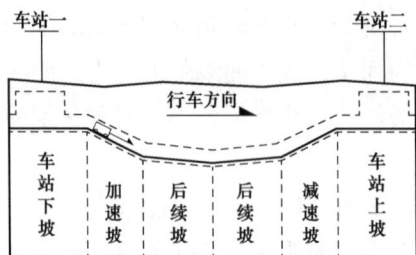

图5-1 "V"形坡示意图

型的选择应根据地下区间的长度、线路埋深及排水条件综合考虑。

"V"形坡是最常见的坡道形式，基于"高站位、低区间"的设计原则，可以视"V"形坡为2个单面坡的组合，将车站设置于纵断面凸型部位，列车出站下坡、进站上坡，以达到节能效果。根据国内外地铁的运营经验，为了发挥节能坡的最大效果，变坡点应尽量靠近车站有效站台，坡度值宜接近最大坡度，一般采用最大坡度减去2‰～5‰，坡长可根据区间长度采用200～300m为宜。

针对列车运行时间长、需要设置区间中间风井的长大地下区间，如果按照"V"形坡来设计纵断面，则区间最低点的埋深将会增大，且过长的单坡不利于列车动能与势能的相互转换。因此，为了在长大地下区间达到节能效果，应结合地质条件、区间风井、联络通道和废水泵房等的设置，根据节能坡原理，在纵断面设计中采用"W"形坡。"W"形坡示意图如图5-2所示。某工程线路坡度的分布情况如表5-1所示。

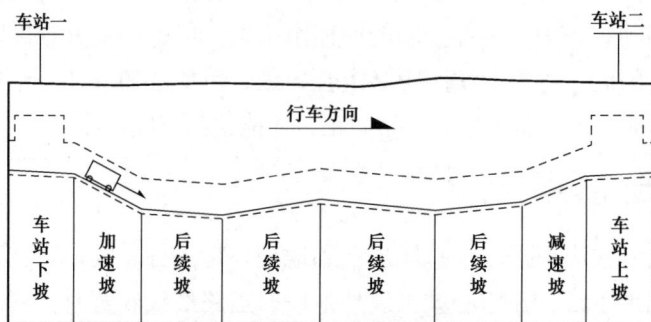

图5-2 "W"形坡示意图

表 5-1 某工程坡度分布情况

坡度 i（绝对值）范围（‰）	坡度长度（km）	占全长的百分比（%）
$i \leqslant 10$	8.14	78.12
$10 < i \leqslant 20$	0.33	2.59
$20 < i \leqslant 25$	0.93	4.42
$25 < i \leqslant 28$	1.02	20.27
合计	10.42	100

由表 5-1 可以看出，该线坡度不大于 10‰ 的坡段长度占全线比例达到 78.12%，坡度大于等于 10‰ 且小于 28‰ 的坡段长度占全线比例达到 21.88%，线路纵坡整体条件良好。

该工程右线 9 个区间中，基本都采用了节能坡设计。该工程 9 个采用节能设计的区间中，节能坡类型为 "V" 形坡，无长大区间。

5.2.2　增大曲线半径

根据《地铁设计规范》（GB 50157—2013）要求，A 型车正线一般地段平面最小曲线半径为 350m，困难地段线路可采用 300m 的半径。B 型车正线一般地段平面最小曲线半径为 300m，困难地段为 250m。在有条件的地段尽量选用不小于 450m 的曲线半径，全线不选用小于 300m 曲线半径，从而有利于提高列车运行速度，降低能耗。

以广州地铁某工程为例，该工程线路右线曲线分布表和右线平面特征统计表分别如表 5-2 和表 5-3 所示。

表 5-2　　　　　　　　　　右 线 曲 线 分 布 表

序号	曲线半径 R（m）	曲线数量（个）	曲线长度（km）	占全长百分比（%）
1	$350 \leqslant R < 500$	1	0.64	4.96
2	$500 \leqslant R < 700$	8	4.26	33.00
3	$700 \leqslant R < 1000$	14	5.18	40.12
4	$1000 \leqslant R < 1500$	2	0.42	3.25
5	$1500 \leqslant R < 2000$	6	1.40	10.84
6	$R \geqslant 2000$	9	1.01	7.82
合计		40	12.91	100.00

表 5-3　　　　　　　　　　右线平面特征统计表

项目		长度（km）	占全长百分比（%）
直曲线分类	曲线	12.91	48.14
	直线	13.91	51.86
	合计	26.82	100

5.2.3　合理选择车站间距

在选线过程中，应合理选择路径及线位，车站间距在城市中心区和居民稠密区宜为1km；在城市外围区宜为2km。车站间距还应当根据行车车速进行设计，避免多余的能量损耗和经济浪费。当列车最高行驶速度为80km/h时，站间距应当控制在1.0～2.0km；列车最高行驶速度为100km/h时，站间距应当控制在1.5～2.5km；列车最高行驶速度为120km/h时，站间距应当控制在2.5～3.5km；列车行驶最高速度为160km/h时，站间距宜控制在5.0～10.0km。

5.2.4 减少线路敷设工程量

线路平面应尽量平直，线路平面曲线宜采用较大的转弯半径，减少列车运行过程的附加损耗；线站位设计应充分与建筑、结构专业结合，尽量减少车站埋深，以减少乘客进出站的电扶梯能耗和车站辅助设施能耗。区间设计中凡有条件的区间，都应考虑设计成节能坡，即遵循"高站位、低区间"的设计原则。地铁线路敷设方式有地面敷设、高架地面、地下地面三种方式，对这三种敷设进行选择时应当与城市规划相协调，合理利用城市土地资源，降低工程造价。

地下敷设方式一般在城市繁华地段使用，该方式具有节约地上空间、对城市景观影响小、节省拆迁费用、兼顾人防等优点，但是存在地下线工程量大、工程结构复杂、所用设备价格高昂等缺点。地面线路一般应用于比较空旷、道路和建筑物较少的区域，该敷设方式具有工程造价低、可以节省大量土建和设备成本等优点，但是会占用一定的土地资源，并且线路会对沿线形成分割，不利于周边地区未来的开发和发展。高架线路一般应用于市区外建筑稀少、道路路面宽阔、上跨道路、铁路、河流等地段，该敷设方式可以具有跨过水资源、农田、绿地及地质复杂地段、增加城市观光和现代化气息等优点，但是会对沿线附近的建筑产生较大的噪声和日照影响。

5.3 节 能 效 果

5.3.1 采用节能坡的节能效果

线路专业节能评价的标准，即为纵断面的设计是否合理选择节能坡的长度和坡度，以实现节约牵引能耗的目的。坡度与坡长是节能坡设计的核心，该部分的研究一直在进行中。依据国内目前的研究结果，列车最高运行速度为100km/h的线路，根据模拟计算，节能坡坡度为20‰～28‰，坡长取值范围在250～350m比较节能。经初步核算，采用以上建议的节能坡、节能坡后接续坡段的坡度、坡长设计后，可以降低列车牵引电能消耗20%～35%。

值得注意的是节能坡的设计是线路设计的理想状态，但是在工程实践中往往难以实现理想状态节能坡的设计。纵断面的设计要综合其他因素，比如线路所穿越区域的地质条件、地下构筑物、河流以及规划条件等外部条件，还有工程本身的列车编组、车辆性能、区间长度和列车最大运行速度均对节能坡的设置有影响。因此评价线路纵断面设计是否合理需结合工程实际情况，评价的标准不能呆板套用。

设置节能坡（方案一）与未设置节能坡（方案二）牵引能耗对比如表 5-4 所示。

表 5-4　设置节能坡（方案一）与未设置节能坡（方案二）牵引能耗对比

方案	区间	运行距离（m）	运行时间	牵引能耗（kWh）	上下行总能耗（kWh）
方案一	A-B	1166	00：01：14	60.49	108.71
	B-A	1166	00：01：13	48.22	
方案二	A-B	1166	00：01：13	63.05	117.3
	B-A	1166	00：01：12	54.25	

经过牵引模拟计算，方案一较方案二牵引能耗降低约 7.3%，远期全年节约电费约 60.13 万元。

5.3.2　曲线半径的节能效果

以 5.2.2 中的工程为例，该工程线路最小曲线半径为 365m，符合 A 型车对线路的要求。该线路 $R \leqslant 450m$ 的曲线共 1 个，占全线曲线个数的比例为 2.5%。$R \leqslant 400m$ 的曲线均因线路转向时为了减少地块切割或避让建（构）筑物，而采用了小半径曲线，小曲线位置设计基本合理；采用 $R \geqslant 700m$ 的曲线数量占全线曲线个数的 77.5%，对于 $R \geqslant 700m$ 的曲线，在缓长和超高合理设置时均能达到 100km/h 的设计速度。因此该工程列车在区间运行受线型条件控制而限速、导致列车加减速的地段较少，整体线型条件较好；半径 $R \geqslant 1500m$ 的曲线数量比例占全线曲线个数的比例为 37.5%，列车在运行中通过大半径曲线段的阻力相对较小，也有利于减少轮轨磨损，有利于列车的节能运行。该工程小半径曲线设置如图 5-3 所示。

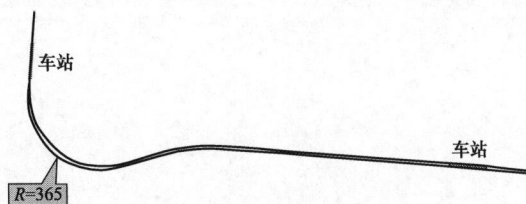

图5-3　小半径曲线设置示意图

5.3.3　车站间距的节能效果

线路设计中凡有条件的区间，都应设计成节能坡，即遵循"高站位、低区间"的设计原则。但在设计过程中，站间距的大小决定了区间所能设置的坡段数量，如果站间距过小，无法设置 3 个及以上坡段时，则应根据实际情况选择是否设置节能坡。对于仅能设置两个坡段的区间，如果采用 20‰ 以上的大坡度，在节能效果方面不一定比缓坡更好，且大坡度直接相接使运营时舒适度降低，应对两段大坡相接、两段缓坡相接和单坡进行综合比较后选用合适的方案。

5.3.4　线路敷设方式节能效果

城市轨道交通工程投资巨大，为降低造价，节省投资，在适宜的区段采用合理的敷设方式可以有效控制工程造价，使投资更为合理。从工程造价上来看，地下线的敷设成本会是高架线的 2.4 倍、地面线的 6.8 倍。因此合理地根据城市特点在不同区段采用不同的线路敷设方式将较大降低成本。

地下敷设方式线路的建设工程量大，造价成本最高，其土建造价盾构一般为 7.5 万元 / 双延米，若采用明挖法其工程造价会达到 8.5 万元 / 双延米。高架敷设需架设高架桥，其土建工程造价一般为 3.0 万～3.2 万元 / 双延米。地面直接敷设成本相对最低，其土建工程造价一般为 1.0 万～1.2 万元 / 双延米。表 5-5 为城市轨道交通不同敷设方式工程造价对比。

表 5-5　　　　　　　城市轨道交通不同敷设方式工程造价

城市线名	线路总长（km）	地下线（km）	敞开线（km）	地面线（km）	高架线（km）	总造价（亿元）	平均造价（亿元 /km）
天津地铁 1 号线	26.188	7.335	0.343	1.509	8.718	75.73	2.89
上海轨道交通 9 号线	31.131	14.667	0.646	0.599	15.259	97	3.12
上海轨道交通 3 号线	24.975	0	0	3.459	21.516	92.679	3.71
上海轨道交通 R3 线	42.5	25.0	0.5	5.2	11.8	123.72	2.91
广州市轨道交通七号线二期	21.9	21.9	0	0	0	169.25	7.73

第6章 供电系统

6.1 节能原理

供电系统应满足轨道交通运行安全可靠、经济合理的要求；供电制式应充分考虑工程可靠性、先进性、经济性，同时便于建设管理和运营维修。

6.1.1 供电电压

在一定时间内，电流流经电网中各电力设备时所产生的电能损耗叫线损，包括与负荷变动无关的固定损耗、随负荷变动而变化的变动损耗，以及其他如漏电、变电站控制、保护等设备所消耗的电力和电量。电力网线损电量与供电量的比率，叫线损率，一般线损率在 5%～10%。输送同样的功率时，提高运行电压就可降低电流，减少损耗。电网中的功率损耗与运行电压的平方成正比，在允许范围内，适当提高运行电压，既可提高电能质量，又能降低损耗。变压器或线路在运行中的损耗功率为

$$P_{\mathrm{B}} = 3I^2R = \frac{S^2}{U^2}R = \frac{P^2+Q^2}{U^2}R \qquad (6-1)$$

式中：I 为通过元件的电流，A；R 为元件的电阻，Ω；U 为加在元件上的电压，V；P、P_{B} 为通过元件的有功功率、损耗功率，W；S 为通过元件的视在功率，VA；Q 为通过元件的无功功率，var。

如果电网的运行电压提高 α（%），则电网元件中的功率损耗降低值为

$$\Delta P = P_{\mathrm{B1}} - P_{\mathrm{B2}} = \left[\frac{S^2}{U^2}R - \frac{S^2}{U^2\left(1+\frac{\alpha}{100}\right)^2}R\right] = \frac{S^2}{U^2}R\left[1-\frac{1}{\left(1+\frac{\alpha}{100}\right)^2}\right] \quad (6-2)$$

式中：ΔP 为提高电压后功率损耗降低值，W；P_{B1}、P_{B2} 为提高电压前后电网中元件的有功功率损耗，W。

降低的功率损耗用百分数表示为

$$\Delta P_{\varepsilon} = \frac{\Delta P}{\Delta P_{B1}} \times 100\% = \left[1 - \frac{1}{\left(1 + \frac{\alpha}{100}\right)^2} \right] \times 100\% \qquad (6-3)$$

提高运行电压后线损降低的百分数列于表 6-1。同样，降低运行电压，将使线损增加，如果电网的运行电压降低了 α（%），则增加的功率损耗用百分数可表示为

$$\Delta P'_{\varepsilon} = \left[\left(1 + \frac{\alpha'}{100}\right)^2 - 1 \right] \times 100\% \qquad (6-4)$$

降低运行电压后线损增加的百分数见表 6-2。

表 6-1 提高运行电压后线损降低的百分数

电压提高（%）	1	3	5	10	15	20
线损降低（%）	1.97	5.74	9.09	17.35	24.39	30.5

表 6-2 降低运行电压后线损增加的百分数

电压降低（%）	1	3	5	10	15	20
线损增加（%）	2	6.1	10	14.5	32	44

6.1.2 线路电阻

根据线路功率损失与线路阻抗之间的关系式

$$\Delta S = \Delta P + j\Delta Q = \frac{P'^2 + Q'^2}{U_j^2}(R + jX) - j\frac{U_i^2}{2}B - j\frac{U_j^2}{2}B \qquad (6-5)$$

式中：ΔS 为视在功率损耗，kVA；ΔP 为有功功率损耗，kW；ΔQ 为无功功率损耗，kvar；P' 为线路上传输的有功功率，kW；Q' 为线路上传输的无功功率，kvar；R 为线路的电阻，Ω；X 为线路的电抗，Ω；U_i 为线路的始端电压，V；U_j 为线路的末端电压，V；B 为线路的电导，S。

由于式（6-5）中 $X \gg R$，因而减少线路的阻抗能有效节能。

6.1.3 动态无功补偿及谐波综合治理装置（SVG）

对于电网线路而言，设线路电阻为 R，则

$$\Delta P = 3I^2(R + jX) = \frac{P^2(R + jX)}{U^2 \cos^2 \varphi} \tag{6-6}$$

式中：ΔP 为功率损耗，kW；R 为线路电阻，Ω；X 为线路的电抗，H；j 为复数的虚部符号；U 为电网电压，V；I 为线电流，A；$\cos\varphi$ 为功率因数。

根据式（6-6）可以看出功率损耗和功率因数成反比。在线路及有功功率确定的情况下，提高功率因数，线路的损耗会相应减小。

静止无功发生器（static var generator，SVG）采用可关断电力电子器件（IGBT）组成自换相桥式电路，经过电抗器并联在电网上，适当地调节桥式电路交流侧输出电压的幅值和相位，或者直接控制其交流侧电流，迅速吸收或者发出所需的无功功率，实现快速动态调节无功的目的。

SVG 由 IGBT 管组成三相并联变流器经串联电抗器或变压器并联在电网上，系统电流通过电流互感器被采集到 SVG 控制系统中，通过实时控制电路将负载电流中的无功分量分离出来，运用大容量数字信号处理（digital signal processing，DSP）芯片，采用脉宽调制（pulse width modulation，PWM）最新技术控制 IGBT 触发，通过调节三相变流器交流侧输出电压的相位和幅值，迅速吸收或发出所需要的无功电流，实现动态无功功率平滑、连续补偿。和传统补偿技术相比，SVG技术主要有以下特点：可靠性高、安全性好，对系统参数不敏感，不会发生谐振和谐波放大；不受母线电压的影响，可以看作一个可控恒流源；本身不产生谐波，还能消除部分谐波；运行损耗低、效率高，功率因数可以补偿到 0.95～1。

6.1.4　变压器的损耗

变压器是静止的电气设备，它在工作时的电能损耗和其他旋转电机相比是很小的。例如，当它在额定容量下工作时，其损耗一般只占传输电能的 1%，小容量的电机变压器损耗最多也只占传输电能的 2%～4%，所以它是一种高效率的电能传输装置。但是，由于变压器连续不断地工作，并且要传输巨大的电能，因此，累计的电能损耗也就非常可观了。

变压器损耗的分类：

（1）辅助损耗：指变压器冷却风扇、循环冷却油泵等电动机所损耗的电能，一般可以忽略不计。

（2）空载损耗：指在变压器一次绕组上加有额定的电压，而二次绕组无电流通过时，变压器所消耗的电能。空载损耗包括铁芯的磁滞损耗、涡流损耗和空载电流在一次绕组电阻上造成的损耗。前者称为铁损，后者称为空载铜损。一般情况下空载铜损远小于铁损，所以可以忽略不计。因此，变压器的空载损耗基本上等于它的铁损。变压器的铁损基本上与它传输电能数量无关，只决定于其一次绕组上所加的电压。当一次绕组上的电压一定时，铁损的数值也一定。所以，铁损是不随负载变化的固定损耗。

（3）负载损耗：指负载电流流经变压器绕组时所造成的电能损耗。它主要是电流在绕组导体电阻上的损耗，及电流磁场在周围导体上产生的附加损耗。负载损耗又称为变压器的铜损。它和负载电流的平方成正比，所以是变压器中随负载而变化的损耗。例如，当变压器的负载为额定负载的一半时，其铜损只有额定负载时铜损的 1/4。

6.2 节 能 设 计

6.2.1 选择更高的供电等级

轨道交通牵引供电系统的供电半径较小、输出功率不大，从安全考虑采用的电压都不高。国际电工委员会（IEC）拟定的直流牵引电压标准为 750、1500V 和 3000V 电压，国内在建和新建的轨道交通大都采用 1500V 电压。

1500V 的供电距离较长，可减少供牵引变电所的数量，但提高了牵引变电所及车辆电机、电气设备的电压绝缘水平。而直流 750V 电压制，变电所数量将增加，但国内有比较成熟的 750V 直流电气设备及电动车辆，造价较低。

提高输电电压，可以相应地减少电能损耗，减少变电所的数量，降低电力设备费用。电压提高一倍，同样功率的电能输送距离可以提高近一倍。从建设费用来看，DC 1500V 输电比 DC 750V 经济。750V 供电系统变电所间距较短，一般为 1.5~2km，而 1500V 供电系统变电所间距可达 3.5~4km。因此同一条线路采用 1500V 输电，如果变电所配置得当，比 750V 可以少建近一半变电所，供电设施大约只相当 750V 的 70%。

6.2.2 合理选择外部供电方式

城市轨道交通的外部电源供电方式有集中式、分散式和混合式等不同形式。

集中式供电方式是指城市电网（常为 110kV 等级）向轨道交通的专用主变电站供电，主变电站再向轨道交通的牵引变电站和降压变电站供电，轨道交通自身组成完整的供电网络。

分散式供电方式是指由轨道交通沿线的城市电网（常为 10kV 等级）分别向沿线的牵引变电站和降压变电站供电。其前提条件是城市电网在轨道交通沿线有足够的变电站和备用容量，并能满足轨道交通牵引供电系统可靠性的要求。

混合式供电方式是上述两种供电方式的结合，可充分利用城市电网的资源，节约投资，但供电可靠性不如集中式供电方式，管理也不够方便。

集中式供电和分散式供电两种方式的比较如表 6-3 所示。混合式供电方式的优缺点介于两者之间。

表 6-3　　　　　　　　　　　　集中式供电和分散式供电方式比较

供电方式	优点	缺点
集中供电方式	（1）供电可靠性高，受外界因素影响较小； （2）主变电站采用 110/35kV 有载自动调压变压器，并有专用供电回路，供电质量好； （3）地铁供电可独立进行调度和运营管理，检修维护工作相对独立方便； （4）可提高地铁供电的可靠性和灵活性； （5）牵引整流负荷对城市电网的影响小； （6）只涉及城市电网几个 220kV 变电站的增容改造，工程量较小，相对易于实现	投资较大
分散供电方式	（1）投资较小； （2）便于城市电网进行统一规划和管理	（1）因同时受 110kV 和 10kV 电网故障影响，故受外界因素影响较多； （2）10kV 电网直接向一般用户供电，引起的故障概率大，可靠性较低； （3）与城市电网的接口多，调度和运营管理环节增多，故障状态下的转电不方便； （4）牵引整流机组产生的高次谐波直接进入 10kV 电网，对其他用户的影响较大； （5）要求城市电网的变电站应具有足够的备用容量，以满足地铁牵引供电的要求；涉及较多 110kV 变电站的增容改造，工程量较大

供电方案应结合城市电网能力、电源路径、城市线网规划及轨道交通主变电站资源共享等实际情况来确定。若某城市的电力资源缺乏，变电站较少，采用分散供电方式时由于需要新建多个地区变电站而使投资增大，在此情况下采用集中式供电方式就比较合适。若城市的电力资源较丰富，轨道交通沿线的地区变电站较多且容量也足够，则采用分散供电方式可节约建设资金。当城市电网介于上述两种情况之间时，可考虑采用分散与集中相结合的供电方式。

我国大多数城市轨道交通均采用 110/35kV 两级电压集中供电方式。按照轨道交通建设规划和已建、在建的轨道交通线路，以及供电企业的要求，工程外部电源从城市电网以 110kV 电源接电，设置 110/35kV 主变电站向全线牵引变电所、降压变电所供电。

6.2.3 利用中压网络供电

国外轨道交通中压供电网络一般有 33、20、10 kV 3 个电压等级，国内现有轨道交通的中压供电网络有 35 、33 、10 kV 3 个电压等级。不同等级的中压供电网络的特点如表 6-4 所示。具体来说有以下特点：

（1）35 kV 中压供电网络：输电距离和容量大，电能损失小，设备可实现国产化，但设备相对体积大，产品价格高。

（2）20 kV 中压供电网络：输电距离和容量适中，电能损失较小，设备可完全实现国产化，设备体积小，产品价格适中，国内有环网开关柜，国外轨道交通大量采用。

（3）10 kV 中压供电网络：输电距离和容量较短，电能损失大，设备可完全实现国产化，设备体积小，产品价格低，国内有环网开关柜，国内外地铁广泛采用。

表 6-4   不同电压等级的中压供电网络的比较

序号	项目	35kV	20kV	10kV
1	输电容量	大	中	小
2	输电距离	大	中	小
3	电能损耗	小	较小	大
4	设备价格	高	中	低
5	设备国产化	国产	国产	国产
6	设备体积及占地面积	大	中	小
7	国内生产环网柜	无	有	有
8	国内城市电网应用	拟取消	有，很少	广泛应用
9	国内地铁及城轨应用	有	无	有
10	适用标准	国家标准	国际标准	国家、国际标准

工程一般采用二级电压供电制式，中压网络选用 35 kV 从主变电站馈出；采用分区环网供电方式，为全线各牵引、降压变电所供电。正常情况下，环网分段开关打开；当一座主变电站退出运行时，环网分段开关闭合，主变电站之间实现供电相互支援。

供电分区主要是根据所承担的供电区域和负荷决定，合理地确定供电方案，尽量减少中压系统的电缆线路损耗，同时合理地划分供电分区，也可减少线路损耗，有利于节能。在每座主变电站两段一级 35 kV 母线上各设置 1 套动态无功补偿及谐波综合治理装置（SVG），对系统无功进行动态调节，并对系统总谐波进行统一治理，不仅能满足供电企业对功率因数及谐波含量的要求，还可提高系统电能质量，减小系统损耗，起到了节能环保的作用。

6.2.4 采用再生制动回收能量

所谓再生制动就是将列车的动能通过牵引电机转化成电能，反馈给电网或储能设备并加以利用。再生制动根据电能的利用方式分为馈能型和储能型。

馈能型再生制动是将再生能量通过逆变器回馈至交流电网，当列车处于再生制动工况时，启动逆变装置，将再生制动能量转换为与交流电网同频、同压、同相位的交流电回馈至电网。由于城市轨道交通的牵引供电系统采用二极管整流，再生制动电能无法直接反馈到整流器的交流侧，所以需要装设逆变装置。逆变装置的控制系统则根据直流母线电压、电流的变化情况，控制逆变装置的投切。

这种再生制动能量吸收装置省去了耗能电阻，减少了地铁隧道温升和通风装置的能耗，实现了列车制动能量的再利用。

储能型再生制动是将再生制动能量存储于储能装置中，当列车处于牵引工况时，储能装置释放能量给列车使用，实现再生制动能量的利用。

根据储能介质的不同，储能型再生制动分为飞轮储能、电池储能和超级电容储能。目前，储能型再生制动的能量利用方式主要有飞轮储能和超级电容储能。表 6-5 给出飞轮储能和超级电容储能方式的技术数据。

表 6-5　　　　飞轮储能和超级电容储能方式的技术数据

类型	能量密度（kWh·m^{-3}）	功率密度（kWh·m^{-3}）	效率（%）	寿命
高速飞轮	424.0	1766.8	89	20 000～50 000 h
超级电容	53.0	176 700	94	100 000～1 000 000次充放电

目前国内外再生能量回收装置主要有电阻耗能型、电容储能型、逆变回馈型和中压能馈型几种。

1. 电阻耗能型

电阻耗能型主要采用多相 IGBT 斩波器和吸收电阻配合的恒压吸收方式，根据再生制动时直流母线电压的变化状态调节斩波器的导通比，从而改变吸收功率，将直流电压恒定在某一设定值的范围内，并将制动能量消耗在吸收电阻上。该装置的电气系统主要包括 IGBT 斩波器、吸收电阻、续流二极管、滤波装置（滤波电容和滤波电抗器）、直流快速断路器、电动隔离开关、避雷器、电磁接触器、传

图6-1 电阻耗能型能量回收装置

感器和微机控制单元等组成。图 6-1 是电阻耗能型能量回收装置的图片。

国内已有厂家研制出电阻耗能型再生制动能量吸收装置，并已在重庆轻轨、天津地铁一号线、广州地铁四号线、北京首都机场线工程中实施，目前运行效果良好。

由于电阻耗能型装置不具有节能效果，以上得到应用的几条线路主要是为了解决系统的特定制约因素，例如，天津地铁一号线主要是因为既有段改造隧道断面受限，环控系统无法解决隧道温升问题；广州地铁四号线、北京首都机场线和重庆轻轨较新线均是由于车辆的电路布置空间紧张，无法携带大容量的制动电阻。

该装置的优点：控制简单、直观，可以取消（或减少）列车电阻制动装置，降低车辆投资，提高列车动力性能；对降低隧道温度、减少闸瓦制动对闸瓦的消耗和闸瓦制动粉尘、净化隧道环境比较有效，而且国内有比较成熟的产品，价格较低。

该装置的缺点：再生制动能量消耗在吸收电阻上集中发热消耗，对再生电能不能有效利用；而且电阻散热也导致环境温度上升，因此，当该装置设置在地下变电站内时，电阻柜需单独放置，而且该房间需采取措施保证有足够的通风量，需要相应的通风动力装置，也增加相应的电能消耗。从长远的角度看，不代表再生制动电能吸收方案的技术发展方向。

2. 电容储能型

电容储能型主要采用 IGBT 逆变器将列车的再生制动能量吸收到大容量电容器组中，当供电区间内有列车启动、加速需要取流时，该装置将所储存的电能释放出去并进行再利用。该装置的电气系统主要由储能电容器组、IGBT 斩波器、直流快速断路器、电动隔离开关、传感器和微机控制单元等组成。

图6-2 1500V 超级电容储能型再生制动能量吸收装置

该产品在欧洲的法兰克福和马德里轨道交通中有应用，北京地铁五号线在 4 座牵引变电站设置了该产品（但现已拆除），主要设在牵引供电区间较长和长大坡度区间的牵引变电站内。由于目前该产品储能容量较小，西门子公司仍在研制更大容量的储能装置。1500V 超级电容储能型再生制动能量吸收装置如图 6-2 所示。

该装置主要缺点：国内无该产品制造，国外产品价格较高；对于运量较大的轨道交通线路，目前的产品容量较小，不能满足完全吸收列车再生制动电能的需要。

3. 逆变回馈型

逆变回馈型主要采用电力电子器件构成大功率晶闸管三相逆变器或者IGBT三相逆变器，还包括逆变变压器、平衡电抗器、交流断路器、直流快速断路器、电动隔离开关、直流电压变换器和调节控制柜等部分；该逆变器的直流侧与牵引变电站中的整流器直流母线相连，其交流进线接到交流电网上；当再生制动电能使直流电压超过规定值时，逆变器启动并从直流母线吸收电流，将再生直流电能逆变成工频交流电回馈至交流电网。逆变装置充分利用了列车再生制动能量，提高了再生能量的利用率，其能量直接回馈到交流电网，当其能量直接回馈到35kV中压供电网络时，既不要配置储能元件，也不要吸收电阻。

逆变型吸收装置目前主要有两种技术路线，一种是将制动能量反馈给轨道交通的牵引供电系统和35kV中压供电网络；另一种将制动再生能量经过逆变隔离后反馈给车站0.4kV低压网络，为了0.4kV低压网络吸收能力不足时保证制动的安全性，再安装一套电阻吸收装置作为补充，即逆变—电阻混合型再生制动能量吸收装置。图6-3是中压逆变型再生制动能量吸收装置的图片，图6-4是低压逆变＋电阻吸收型再生制动能量吸收装置的图片。

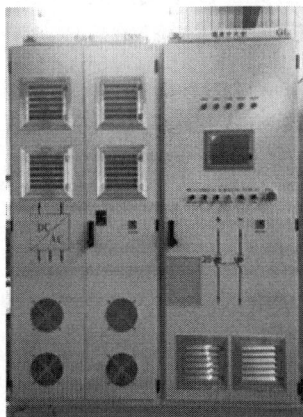

图6-3　中压逆变型再生制动能量吸收装置

图6-4　低压逆变+电阻吸收型再生制动能量吸收装置

逆变至35kV环网的逆变回馈型装置也已在广州4号线车辆段及区间牵引变电站挂网试验，运行效果良好。并在广州9号线、14号线、21号线、4号线南延段建设中已有应用。

该装置的优点：充分利用了列车再生制动能量，提高了再生能量的利用率，节能效果好，并可减少列车制动电阻的容量；如其能量直接回馈到中压供电网络，可不配置储能元件与吸收电阻；对环境温度影响小，在大功率室内安装的情况下多采用此方案。

该装置的缺点：逆变过程将产生少量谐波，设备价格较高。

另外，目前国内已经在再生制动回馈装置的基础上，研制成功双向变流装置，该装置不但能将能量直接回馈到中压供电网络，还能完成常规的牵引整流功能，目前宁波 3 号线在两个站实施，如该技术成熟，将会在不增加或增加很少投资的前提下，完成整流—逆变的一体化。

目前各城市采用将列车再生制动能量反馈直流牵引网和中压网络的方案，该方案在每个牵引变电站均设置独立的反馈回路，除了逆变单元，还包括 40.5kV 开关柜、升压隔离变压器及 1500V 直流开关柜。

6.2.5 选择导电性好的导线

地铁供电线路包括输电线路和接触网线路 / 输电线，一般采用地下埋设电缆，牵引网一般采用导电率较高的钢铝复合接触轨，可降低牵引网电能损失和变电站的空载能耗。

按经济电流选择电缆截面，可降低运行损耗。依据《电力电缆尺寸的经济最佳化》（IEC 287-3-2—1995），电缆截面选择除按照技术条件外，还应按经济电流选择。

当沿电力线路传送电能时，会产生功率损耗和电能损耗。这些损耗的大小及其费用，都与导线或电缆的截面大小有关，截面越小，损耗越大，所耗费用也越大。增大截面虽然使损耗费用减小，但增大了线路的投资，可见，在此中间总可以找到一个最为理想的截面，使年运行费用最小，这个理想截面常称为经济截面 S_{ec}，根据这个截面推导出来的电流密度称为经济电流密度 I_{ec}。

6.2.6 利用无功补偿减少损耗

1. 低压侧无功补偿

在地铁供电系统中，各设备的用电负荷为感性负荷。不同负荷性质的功率因数不同，动力负荷的功率因数最低，只有 0.75 左右；照明负荷的功率因数在 0.8 左右；牵引负荷的功率因数最高，为 0.95 左右。特别是在夜间休车时段，牵引负荷为零，动力照明负荷也只有白天的 10% 左右，而供电系统由于电缆的充电无功效应，产生了大量的容性无功，倒送到电力系统，功率因数很低。

另外，随着变频器、LED 灯、不间断电源（uninterruptible power supply，UPS）等高谐波设备越来越多地使用，新建地铁车站谐波环境必将日益严重，对众多弱电系统的运行造成威胁，有必要考虑设置有效抑制或治理谐波的措施。如变频器在通风、空调、电梯等系统中越来越广泛地使用，约有近 30% 的动力设备采用了变频控制，而现有的变频器产品采用六脉波整流，如前端不另外增加滤波设备，输入谐波为 30%～40%，对电网污染较严重。

因此，鉴于地铁车站日益严重的用电环境，可在车站设置有源滤波装置进行谐波治理，并同时进行无功补偿。白天以滤波功能为主，晚上负载少时可充分利用此容量进行无功补偿，减少主变电站补偿压力、优化公共点系统内部功率因数。

2. 主变电站动态无功补偿与谐波治理措施

城市轨道交通工程供电系统的感性无功主要由各种电力变压器、电缆、整流机组和动力照明负荷等产生，容性无功主要由电缆和电容器产生。

主变电站的功率因数主要由牵引负荷、动力照明负荷的负荷性质以及供电系统构成方式所决定。对于牵引负荷，由于采用 24 脉波整流方式，理论基波因数在 0.989 以上，不可调变流器的位移因数在 0.95 以上，因而其总功率因数可达 0.96 左右。对于动力照明负荷，主要产生感性无功，一般在 0.8 左右。

6.2.7 选用节能变压器

节能变压器是指在满足运行可靠性和经济性要求的前提下，通过采用新材料、新结构、新工艺等技术手段降低变压器空载损耗和负载损耗，使变压器在运行中消耗较少能源，达到节约能源的目的。

根据工业和信息化部发布的《"十四五"工业绿色发展规划》明确了工业领域绿色低碳发展的一系列具体目标：到 2025 年，单位工业增加值二氧化碳排放降低 18%，钢铁、有色金属、建材等重点行业碳排放总量控制取得阶段性成果；重点行业主要污染物排放强度降低 10%；规模以上工业单位增加值能耗降低 13.5%；此外，工业和信息化部、市场监管总局、国家能源局联合印发《变压器能效提升计划（2021—2023 年）》，明确到 2023 年，高效节能变压器在网运行比例提高 10%，当年新增高效节能变压器占比达到 75% 以上。

变压器是城市轨道交通供电系统的重要设备之一，也是其中的主要能耗设备，在安全可靠前提下，具有节材、节能及环保等优点的绿色变压器必然是城市轨道交通未来选用变压器的必然趋势。近年来，S14 系列（电工钢带能效 2 级）或

SH15 系列（非晶合金能效 3 级）等节能型变压器在电网和城市轨道交通均已陆续投入运行，采用节能型低损耗变压器虽然前期投资增加，但通过电费节约可以在几年以内回收初始投资，具有较好的经济、社会及环境效益。

我国过去普遍使用 SJ1、SL1 系列高能耗变压器（1964 年标准），1982 年国家统一设计低损耗节能型 SL7、S7 电力变压器，遵循 GB 1094—1979 电力变压器标准。S7 系列变压器采用铜导线线圈和 DQ 15135 冷轧取向电工钢片，单位最大损耗 1.51W/kg；SL7 系列变压器采用铝导线线圈和 DQ 166-35 冷轧取向电工钢片，单位最大损耗 1.66W/kg，与高能耗老产品相比，空载损耗降低约 40%，短路损耗降低约 15%；此外还开发出 S8 等系列电力变压器。

1985 年国家又统一设计开发了 S9 系列变压器，并颁布了国家标准《三相油浸式电力变压器技术参数和要求》（GB 6451—1986）。1998 年国家计委、原国家科委及原第一机械工业部联合规定"自 1999 年 1 月 1 日起，禁止 S7、SL7 变压器的生产和流通"，1999 年国家施行了新的变压器标准 GB/T 6451—1999，相当于 S8 和 S9 标准，同时又开发了 S10、S11 系列变压器。S9 系列变压器是按照 IEC 标准开发的，采用铜导线线圈和 DQ 147-30 冷轧取向电工钢片，单位最大损耗 1.47W/kg，比 S7 系列空载损耗平均降低 20%（S9 变压器价格高于 S7 约 20%），短路损耗降低约 10%，总质量降低 20%。2001 年，我国在 S9 系列的基础上，进一步优化设计，开发出了 S11 系列变压器，使空载损耗进一步降低。S11 型卷铁芯变压器适用范围广，性能水平优于 S9 型变压器，与 S9 型变压器比较，空载损耗平均降低 30%，空载电流平均下降 70%，变压器噪声水平下降 7～10dB，减少了对城镇的噪声污染。S7、S9、S11 系列变压器的主要性能指标见表 6-6、表 6-7。

表 6-6　**S9 与 S7 部分无励磁调压 10kV 及 6kV 低损耗电力变压器技术指标比较**

容量 （kVA）	S7					S9			
	空载损耗 （W）	负载损耗 （kW）	空载电流 （%）	阻抗电压 （%）	总质量 （kg）	空载损耗 （W）	负载损耗 （kW）	空载电流 （%）	阻抗电压 （%）
30	149	792	2.8	4	293	130	600	2.1	4
50	187	1152	2.6	4	408	170	870	2.0	4
63	220	1398	2.5	4	470	200	1040	1.9	4
80	266	1614	2.4	4	529	250	1250	1.8	4
100	302	1925	2.2	4	614	290	1500	1.6	4
125	346	2438	2.2	4	708	340	1800	1.5	4
160	443	2771	2.1	4	840	400	2200	1.4	4

续表

容量 （kVA）	S7					S9			
	空载损耗 （W）	负载损耗 （kW）	空载电流 （%）	阻抗电压 （%）	总质量 （kg）	空载损耗 （W）	负载损耗 （kW）	空载电流 （%）	阻抗电压 （%）
200	538	3431	2.1	4	955	480	2600	1.3	4
250	605	3955	2.0	4	1106	560	3050	1.2	4
315	766	4795	2.0	4	1283	670	3650	1.1	4
400	875	5800	1.9	4	1535	800	4300	1.0	4
500	1030	6686	1.9	4	1857	960	5100	1.0	4
630	1290	8169	1.8	4.5	2400	1200	6200	0.9	4.5
800	1476	9680	1.5	4.5	3001	1400	7500	0.8	4.5
1000	1777	11 530	1.2	4.5	3613	1700	10 300	0.7	4.5
1250	2198	13 793	1.2	4.5	3969	1950	12 000	0.6	4.5
1600	2650	16 500	1.1	4.5	5120	2400	14 500	0.6	4.5

注　变压器高压分接为 −5%～+5%。

表 6-7　　　　　　　　S11 型低损耗变压器技术参数

型号	容量 （kVA）	损耗（W）		空载电 流（%）	阻抗电 压（%）	高压 （%）	高压分 接范围	低压 （kV）	联结组 标号
		空载	负载						
S11-30/10	30	90	600	1.4					
S11-50/10	50	130	870	1.2					
S11-63/10	63	150	1040	1.2		6 6.3 10.5 11	±5% ±2×5%	0.4	Yyn0 Dyn11
S11-80/10	80	175	1250	1.1	4				
S11-100/10	100	200	1500	1.0					
S11-125/10	125	235	1800	1.0					
S11-160/10	160	270	2200	0.90					
S11-200/10	200	325	2600	0.90					
S11-250/10	250	395	3050	0.80		6 6.3 10.5 11	±5% ±2×5%	0.4	Yyn0 Dyn11
S11-315/10	315	475	3650	0.80	4				
S11-400/10	400	565	4300	0.70					
S11-500/10	500	675	5100	0.70					

续表

型号	容量（kVA）	损耗（W）		空载电流（%）	阻抗电压（%）	高压（%）	高压分接范围	低压（kV）	联结组标号
		空载	负载						
S11-630/10	630	805	6200	0.60	4.5	6 6.3 10.5 11	± 5% ± 2 × 5%	0.4	Yyn0 Dyn11
S11-800/10	800	980	7500	0.60					
S11-1000/10	1000	1155	10 300	0.50					
S11-1250/10	1250	1365	12 000	0.50					
S11-1600/10	1600	1650	14 500	0.4					

2006 年中国标准化研究院、沈阳变压器研究所、中国机械节能中心等单位又起草了国家标准《三相配电变压器能效限定值及节能评价值》（GB 20052—2006）。所谓能效限定值是指在测试条件下，配电变压器空载损耗和负载损耗的标准值，其标准值与表 6-6 中 S9 的数据完全一样。所谓节能评价值是指在测试条件下，评价节能配电变压器空载损耗和负载损耗的标准值，而且要求 2010 年实施该节能标准值，具体数据见表 6-8。

表 6-8　　　　　配电变压器目标能效限定值及目标节能评价值

油浸式配电变压器				干式配电变压器					
容量（kVA）	空载损耗（W）	负载损耗（kW）	阻抗电压（%）	容量（kVA）	空载损耗（W）	负载损耗（kW）			阻抗电压（%）
						B（100℃）	F（120℃）	H（145℃）	
30	100	600	4	30	190	670	710	760	4
50	130	870	4	50	270	940	1000	1070	4
63	150	1040	4	80	370	1290	1380	1480	4
80	180	1250	4	100	400	1480	1570	1690	4
100	200	1500	4	125	470	1740	1850	1980	4
125	240	1800	4	160	550	2000	2130	2280	4
160	280	2200	4	200	630	2370	2530	2710	4
200	340	2600	4	250	720	2590	2760	2950	4
250	400	3050	4	315	880	3270	3470	3730	4
315	480	3650	4	400	980	3750	3990	4280	4
400	570	4300	4	500	1160	4590	4880	5230	4
500	680	5150	4	630	1350	5530	5880	6290	4
630	810	6200	4.5	630	1300	5610	5960	6400	6
800	980	7600	4.5	800	1520	6550	6960	7460	6
1000	1150	10 300	4.5	1000	1770	7650	8130	8760	6

续表

油浸式配电变压器				干式配电变压器					
容量 （kVA）	空载损耗 （W）	负载损耗 （kW）	阻抗电压 （%）	容量 （kVA）	空载损耗 （W）	负载损耗（kW）			阻抗电压 （%）
						B （100℃）	F （120℃）	H （145℃）	
1250	1360	12 000	4.5	1250	2000	9100	9690	10 370	6
1600	1640	14 500	4.5	1600	2450	11 050	11 730	12 580	6
—	—	—	—	2000	3320	13 600	14 450	15 560	6
—	—	—	—	2000	4000	16 150	17 170	18 450	6

从 20 世纪 80 年代初期开始，随着晶粒取向优质冷轧硅钢片铁芯材料取代热轧硅钢片，S7 型系列低损耗变压器逐步取代了高能耗和较高能耗变压器。至 20 世纪 90 年代末期，随着冷轧硅钢片材料性能的提高以及新工艺、新技术的应用，S7 型系列产品也被作为高能耗产品，由 S9 型系列产品取而代之。目前，随着技术的进步，节能变压器成熟的产品包括 S11 型油浸式配电变压器、S10 型油浸式电力变压器、S10 型干式变压器。

由于城市轨道交通大多建于地下，空间有限、人流密集，对安全运行要求较高，因此，城市轨道交通牵引供电系统中广泛采用结构简单、维护和检修方便的干式变压器。干式变压器安全、防火、无污染、噪声小、损耗低，节能效果明显，当前常用的干式变压器有 SCB13、SH15 系列等。

除上述节能型变压器外，还有一种非晶合金干式变压器具有较好的节能效果。自 1979 年美国联信公司发明非晶片至今，非晶合金干式变压器逐步在发达国家应用推广，非晶合金是一种新型节能材料，它采用国际先进的超急冷技术将液态金属以 106℃/s 冷却速度直接冷却形成厚度 0.02～0.04mm 的固体薄带，得到原子排列组合上具有短程有序、长程有序特点的非晶合金组织，这种合金具有许多独特的特点，如不存在晶体结构、磁化功率小、优异的导磁性、强度高、电阻率高、涡流损耗小等，用这样的材料做铁芯可生产出一种新型节能变压器，非晶合金铁芯的主要特点是：

（1）非晶合金铁芯片厚度极薄，约 0.025mm 厚，几乎不到硅钢片的 1/10。材料表面也不是很平坦，用它制成铁芯，填充系数较低，约为 0.82。

（2）非晶合金铁芯许用磁密低，单相变压器一般取 1.3～1.4T，三相变压器一般取 1.25～1.35T，因此，非晶合金变压器铁芯体积和质量都偏大。

（3）非晶合金的硬度是硅钢片的 5 倍，加工剪切很困难，用常规的切割工具来加工它，刀具的磨损率将是切割硅钢片的 1000 倍，一般变压器制造厂只能利用成型铁芯制造非晶合金变压器。

（4）非晶合金铁芯材料对机械应力非常敏感，无论是张引力还是弯曲应力都会影响其磁性能。因此，在变压器器身结构上应考虑尽量减少铁芯受力。

（5）非晶合金的磁畴伸缩程度比硅钢片高约10%，而且不宜过度夹紧，因此，非晶合金变压器的噪声比硅钢片铁芯变压器高。

（6）非晶合金干式变压器的铁芯是由不间断的非晶合金带材卷制而成的，没有间隙，所以铁磁损失很小（一般只有硅钢的1/3～1/5）。

1980年美国联信公司首次推15kVA非晶合金铁芯变压器。1986年5月，上海钢铁研究所与宁波变压器厂合作，用该所研制的非晶合金带材试制出国内第一台单相3kVA非晶合金变压器。1988年9月，上海钢铁研究所与上海冶金设备厂、上海硅钢片厂合作采用传统叠片式结构研制成功100kVA三相非晶配电变压器，空载损耗187W，相当同容量S9型硅钢片变压器空载损耗的64%。1989年8月，上海钢铁研究所与洛阳变压器厂试制出三相30kVA卷绕式非晶铁芯配电变压器，空载损耗36.8W，比同容量S9型降低约72%。1995年8月以后，沈阳变压器研究所组织了天津、上海、北京、佛山、辽阳和保定等六个变压器厂，试制出SH11-160、200、315、500kVA四种规格共六台样机，并通过国家鉴定。1998年2月，上海置信（集团）有限公司引进美国GE公司非晶合金铁芯变压器的制造技术，其生产的SH11型非晶合金铁芯变压器额定容量为50～2500kVA，空载损耗为34～700W，负载损耗为870～21 500W，空载电流为0.5%～1.5%，短路阻抗为4%～4.5%。SH11系列非晶合金变压器与S9系列变压器相比，空载损耗下降70%～80%。空载电流下降40%～60%。虽然目前非晶合金变压器的价格约为同容量S9型变压器的1.3倍，但由于空载损耗较S9型变压器明显下降，非晶合金变压器的总拥有费用仍低于S9型变压器10%，价差能够在5年内收回。SH11型非晶合金变压器技术参数见表6-9。

表6-9 SH11型非晶合金变压器技术参数

型号	容量（kVA）	损耗（W）		空载电流（%）	阻抗电压（%）	高压（%）	高压分接范围	低压（kV）	联结组标号
		空载	负载						
S11-30/10	30	35	600	1.0					
S11-50/10	50	50	870	0.90					
S11-63/10	63	60	1040	0.90		6			
S11-80/10	80	70	1250	0.80	4	6.3	±5%	0.4	Yyn0
S11-100/10	100	85	1500	0.80		10.5	±2×5%		Dyn11
S11-125/10	125	100	1800	0.80		11			
S11-160/10	160	115	2200	0.70					

续表

型号	容量（kVA）	损耗（W）		空载电流（%）	阻抗电压（%）	高压（%）	高压分接范围	低压（kV）	联结组标号
		空载	负载						
S11-200/10	200	135	2600	0.60					
S11-250/10	250	160	3050	0.60		6			
S11-315/10	315	180	3650	0.50	4	6.3 10.5	±5% ±2×5%	0.4	Yyn0 Dyn11
S11-400/10	400	230	4300	0.50		11			
S11-500/10	500	280	5100	0.47					
S11-630/10	630	320	6200	0.45		6			
S11-800/10	800	380	7500	0.40	4.5	6.3 10.5	±5% ±2×5%	0.4	Yyn0 Dyn11
S11-1000/10	1000	450	10 300	0.38		11			
S11-1250/10	1250	550	12 000	0.35					

在城市轨道工程设计中，应该优先选择节能变压器。市场中存在的 S10 以及 S11 等型号的节能变压器，不仅具备普通变压器的优点，而且具备良好的节能效果。在应用节能变压器时，应该确保接线方式的合理性以使其有效发挥功用，还应该尽可能避免变压器长期超载运行的情况，以免造成电能的浪费和变压器的磨损。

6.3 节 能 效 果

6.3.1 采用 110/35kV 两级电压集中供电的节能效果

不同电压等级的中压供电网络有不同的特点，有其适用的范围。不同电压等级的中压供电网络比较表见表 6-4。

从表 6-4 可以看出，35kV 中压网络输电距离和容量大、电能损失小、设备成熟，在国内轨道交通供电系统中已有非常成熟的应用。10kV 中压网络输电半径和容量小，电能损失相对较大，设备成熟，在国内轨道交通中也有成功应用。20kV 电压等级介于 35kV 和 10kV 之间，在国内轨道交通中尚未应用。

当负荷电流通过线路时，线路电阻上产生功率损耗。三相线路有功损耗为 $\Delta P = \Delta P_\mathrm{A} + \Delta P_\mathrm{B} + \Delta P_\mathrm{C} = 3I^2R$。下面对 300mm² 截面积电缆输送功率 15 000kW 分别采用 10kV 和 35kV 中压网络在线路损耗方面进行比较：

10km 铜电缆每千米电阻值 = 17.241×10/300=0.57Ω

（1）10kV 系统线路损耗。

$$I = 15\ 000/(10 \times 1.732) = 866.1\ （A）$$

$$\Delta P = 3I^2R = 3 \times 866.1^2 \times 0.57 = 1282.72\ （kW）$$

全年线路损耗为 1123.66 万 kWh。

（2）35kV 系统线路损耗。

$$I = 15\ 000/(35 \times 1.732) = 247.1\ （A）$$

$$\Delta P = 3I^2R = 3 \times 247.1^2 \times 0.57 = 104.41\ （kW）$$

全年线路损耗为 91.46 万 kWh。

（3）两电压等级线路损耗比较。根据以上计算，10km 线路采用 35kV 电压等级较采用 10kV 电压等级，在线路损耗方面每年可节省电能 1032.2 万 kWh。由此可见，采用 110/35kV 两级电压制式，在长期的运营中，节能效果是比较明显的。

合理选择中压供电网络的网络电压，既可以减少系统电缆的长度，也可以减少开关设备数量，降低设备损耗和线路损耗。

6.3.2　设置再生制动能量回收的节能效果

列车再生制动能量的吸收方案按照吸收装置设置位置，可以分为车载吸收方案和地面吸收方案。按照能量吸收的方式可以分为电阻消耗型、储能型和逆变回馈型三大类吸收方式，其中储能型又分为电容储能型和飞轮储能型，逆变回馈型又分为中压逆变型和低压逆变型。

考虑列车再生电能通过逆变回馈能够实现在轨道交通供电系统内部的再次利用，减少对城市电网的电力需求，且逆变电能对城市电网基本没有影响；另外，采用再生能量回馈系统，能够有效平衡牵引网压，节约能源，且利用能馈设备分散式补偿与主变电站静止无功发生器 SVG 设备集中式补偿优势互补，提升夜间功率因数。

推荐车辆牵引制动性能按在 AW2 载荷条件下，实现在全速度范围内电制动力满足常用制动力设计，这将使列车动能最大限度地转换成电能返回电网，并可大大降低闸瓦的磨损。采用在全速度范围内电制动力满足常用制动力的方案，可以使车辆的能耗较不采用该方案的车辆节省 15%～20%。

运行数据显示，城市轨道交通列车再生制动过程可产生数量可观的电能，可达到牵引电能的 30%。

某线路列车为 B 型车，4 动 2 拖编组，每天运行 17h，行车间隔约 10min，车辆最高速度 120km/h，全线设置 4 套中压逆变回馈型再生制动能量吸收装置。

选取气候条件、客流量等因素较为接近的时间，以 10 天为单位，对该线路能馈装置总回馈电量进行统计分析，如表 6-10 所示。由统计的电量数据可知，能馈装置在 7 月 20 日至 9 月 17 日，平均总日回馈电量为 46 846kWh（计算 10 天数据），回馈电量占牵引电量最高可达 10.27%，平均占比 8.38%，电量回馈效果良好。

表 6-10　　　　　某线路 4 套能馈装置总回馈电量与牵引用电量分析

时间	总回馈电量（kWh）	牵引电量（kWh）	回馈电能占牵引电量 /（%）
7 月 20 日至 7 月 29 日	42 720	563 612	7.58
7 月 30 日至 8 月 8 日	57 876	563 438	10.27
8 月 9 日至 8 月 18 日	48 423	569 066	8.51
8 月 19 日至 8 月 28 日	42 805	560 971	7.63
8 月 29 日至 9 月 7 日	41 903	552 330	7.59
9 月 8 日至 9 月 17 日	47 352	546 395	8.67
平均值	46 846	559 302	8.38

从表 6-10 可以看出，通过加设再生制动能量回收装置，该线路月节电可达 14 余万 kWh。

6.3.3　按经济电流选择导线的节能效果

线路的年运行费用包括线路年电能损耗费用、年折旧维护费和年管理费用（所占比重较小通常可忽略），年运行费用与导线截面积的关系曲线如图 6-5 所示。

经济电流密度 I_{ec} 与年最大负荷利用小时数有关，年最大负荷利用小时数越大，负荷越平稳，损耗越大，经济截面因而也就越大，经济电流密度就会变小。铜芯电缆的经济电流密度如表 6-11 所示。

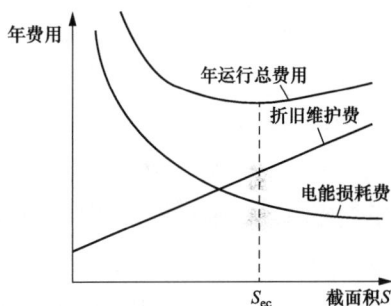

图6-5　年运行费用与导线截面积的关系曲线

表 6-11　　　　　　　　　铜芯电缆经济电流密度

年最大负荷利用小时数	$T_{max} < 3000$	$3000 < T_{max} < 5000$	$T_{max} \geqslant 5000$
经济电流密度 I_{ec}	2.5	2.25	2.0

按经济电流密度计算经济截面积的公式为

$$S_{ec} = I_{ca}/I_{ec}$$

式中：I_{ca} 为线路计算电流。

在一定敷设条件下，每个电缆截面积的经济电流范围上下限值计算公式如下

$$I_{ec1} = \{CI - CI_1 / [FL(R_1 - R)]\}^{0.5} \tag{6-7}$$

$$I_{ec2} = \{CI_2 - CI / [FL(R - R_2)]\}^{0.5} \tag{6-8}$$

式中：CI 为某一截面电缆的总投资（包括了主材、附件及施工费），元；CI_1 为比 CI 小一级截面积电缆的总投资，元；CI_2 为比 CI_1 小一级截面积电缆的总投资，元；I_{ec1} 为经济电流范围上限值；I_{ec2} 为经济电流范围下限值；F 为综合系数；L 为电缆长度，km；R 为 CI 对应截面积电缆单位长度的交流电阻，Ω/km；R_1 为 CI_1 对应截面积电缆单位长度的交流电阻，Ω/km；R_2 为 CI_2 对应截面积电缆单位长度的交流电阻，Ω/km。

以上公式适用于中、低压电力电缆。

中低压电力电缆按经济电流截面积选择，宜符合下列要求：

（1）按照工程条件、电价、电缆成本、贴现率等计算，拟选用的铜芯交联聚乙烯绝缘等电缆的经济电流密度值。

（2）对备用回路的电缆，如备用的电动机回路等，宜按正常使用运行小时数的一半选择电缆截面积。对一些长期不使用的回路，不宜按经济电流密度选择截面积。

（3）当按电缆经济电流截面积比按热稳定、允许电压降或持续载流量要求的截面积小时，则应按热稳定、允许电压降或持续载流量较大要求截面积选择。当电缆经济电流截面积介于电缆标称截面积档次之间，可视其接近程度，选择较接近一档截面，且宜偏小选取。

按经济电流选择电缆通常要比按照技术条件选择截面积大 1～2 级，也不排除按照热稳定等技术条件可能大于经济电流，按照同时满足经济条件和技术条件的原则取二者截面积较大者为选定电缆截面积。虽然按经济电流选择较大的截面积使初期投资增加，但一般 2～4 年就可收回投资。另外，年最大负荷利用小时数 T_{max} 越大，回收年限越短，当超过回收年限后，损耗减小，每年可节约的费用逐年累加也是十分可观的。

6.3.4 统一考虑系统无功补偿及谐波治理措施的节能效果

城市轨道交通工程供电系统的感性无功主要由各种电力变压器、电缆、整流机组和动力照明负荷等产生，容性无功主要由电缆和电容器产生。主变电站的功率因数主要由牵引负荷、动力照明负荷的负荷性质及供电系统构成方式所决定。

对于牵引负荷，由于采用 24 脉波整流方式，理论基波因数在 0.989 以上，不可调变流器的位移因数在 0.95 以上，因而其总功率因数可达 0.96 左右。对于动力照明负荷，主要产生感性无功，一般在 0.8 左右。

在线路运行初期，由于感性负荷较小，若主变电站内未采取无功补偿措施，容易导致 35kV 电缆产生的容性无功无法被中和，以致返送至电力系统。我国已开通运营的城市轨道交通系统，如天津津滨轻轨、广州地铁、上海地铁等，在运营初期不投入无功功率补偿装置的情况下，仍存在容性无功返送至电力系统的问题。供电企业采取"无功反转正计"的计费方法，若主变电站功率因数达不到供电企业的要求，会遭受供电企业的罚款，大大增加了运营成本。

为实现地铁主变电站和电力系统的接口处实现负荷功率因数可控，可在主变电站设置容性和感性无功均可调节的动态无功补偿装置。采用在主变电站设置动态无功补偿及滤波装置（SVG），对系统无功进行动态调节，并对系统总谐波进行统一治理，该方案不仅满足了供电企业对功率因数及谐波含量的要求，更重要的是提高了系统电能质量，减小系统损耗，起到了节能环保的作用。

结合地铁供电系统负荷特点及无功功率考核方法，对几种可行的无功补偿方案分析如下。

（1）方案一：在主变电站 35kV 母线设置并联电抗器，投资约 200 万元 / 站。为中和系统过多的容性无功功率，减小功率因数计算中的 Q 值，提高主变电站功率因数，可在主变电站 35kV 母线设置并联电抗器，由于电抗器输出容量不可调节，因此，需全面进行系统潮流分析计算，确定合适的容量。

该方案适用于供电企业对主变电站功率因数考核相对宽松的城市，如仅考核月平均功率因数，月平均功率因数不低于 0.9 即认为满足要求的主变电站。对于三号线应满足主变电站高峰时段功率因数不低于 0.95，低谷时段功率因数不高于 0.95，这种情况下，地铁负荷在高峰时段需要采取容性无功补偿，在低谷时段需要采取感性无功补偿。显然，该方案是无法满足系统无功需求的。

（2）方案二：在主变电站 35kV 母线设置 SVG 动态无功补偿装置，投资约 400 万元 / 站。静止无功发生器是指采用全控型电力电子器件组成的桥式变流器来进行动态无功补偿的装置。SVG 调节速度快，运行范围宽，而且在采取多重化或 PWM 技术等措施后可大大减少补偿电流中谐波的含量。SVG 使用的电抗器和电容元件比静止无功发生器（SVC）中使用的电抗器和电容要小，这将大大缩小装置的体积和成本。SVG 动态无功补偿装置主要由降压变压器、电抗器柜、IGBT功率柜、控制柜和高可靠电源柜五部分组成，SVG 装置的基本组成如图 6-6 所示。因此，采用在主变电站设置动态无功补偿及滤波装置，对系统无功进行动态调节，并对系统总谐波进行统一治理，该方案满足了供电企业对功率因数及谐波含量的要求，提高了系统电能质量，减小系统损耗，起到了节能环保的作用。

在变电站低压侧配置无功补偿装置，不仅可以减少电能的消耗，还能提高电网的电压质量，达到节能的效果。

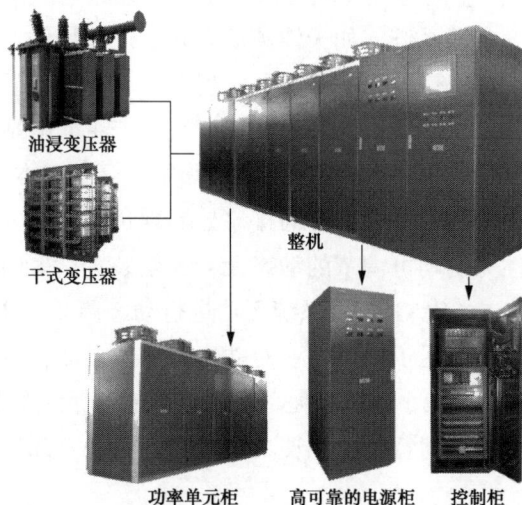

图6-6 SVG装置的基本组成

（1）提高变压器效率。在进行无功补偿前，变电站的功率因数 $\cos\varphi_1 = 0.75$，装设电容补偿装置后，测得功率因数 $\cos\varphi_2 = 0.9$，则对于变电站内变压器利用率，可提高效率为

$$\Delta S\% = \frac{S_1 - S_2}{S_1} \times 100\% = \left(1 - \frac{\cos\varphi_1}{\cos\varphi_2}\right) \times 100\% = 16.7\% \qquad (6-9)$$

式中：$\Delta S\%$ 为提升效率；$\cos\varphi_1$ 为初始功率因数；$\cos\varphi_2$ 为补偿后功率因数。

由此可见，补偿后变压器的利用率比补偿前提高16.7%，那么变压器可以带更多的负荷，减少了输变电设备的投资。

（2）降低电能损耗。假设在某一35kV变电站10kV系统装设1000 kvar无功补偿，年节电量可达60 000 kWh。按照每降损1 kWh，可节省建设费为10元计算。

综上所述，变电站安装无功补偿装置后，一方面可以提高变压器的使用效率，另一方面还能降低无功损耗，从而提高电能的利用率，降低电能的消耗。

6.3.5 采用全寿命周期成本法选择变压器的节能效果

目前，国内变压器用户在采购变压器时，一般都是注重初投资，而对变压器使用寿命期内空载损耗、负载损耗，即所涉及的设备全寿命成本关心不够。这造成了变压器使用过程中损耗较大，进而带来运营成本的增加。

为了避免上述不足，用变压器的全寿命周期成本法来评价是合理的。国际上对变压器的评价一般采用"总拥有费用法"（total owning cost，TOC），即设备全寿命价格，是指变压器初始投资及在其运行使用期间空载损耗及负载损耗的等效初始费用的总和。该费用计及了变压器初始投资和在运行使用期间将要支付的电气损耗费用。

工程采用全寿命周期成本方法进行变压器选型，具有良好的节能降耗效果。

对变压器进行能效经济评价，采用综合考虑其初始投资和在其经济使用周期内将要支付的电气损耗费用的总拥有费用法（TOC）。

变压器的总拥有费用（$TOCEFC$）包括变压器的初始费用（CI）、空载损耗的等效初始费用和负载损耗的等效初始费用，其计算表达式为

$$TOCEFC = CI + AP_0' + BP_K' \qquad (6-10)$$

式中：CI 为变压器初始费用，包括设备价格、运输、安全等费用，元；P_0' 为变压器空载损耗，W；P_K' 为满载参考温度时负载损耗，W；A 为单位空载损耗的等效初始费用，元/W；B 为单位负载损耗的等效初始费用，元/W。

地铁供电系统使用的变压器的单位空载损耗等效初始费用或 A 系数（元/W）主要与电价有关，其简易计算公式如下

$$A = k_{pv} E_e H_{py} / 1000 \qquad (6-11)$$

式中：k_{pv} 为贴现率为 i 并记及通货膨胀率 a 的连续 n 年的年费用现值系数；E_e 为变压器用户支付的单位电度费用，元/kWh；H_{py} 为变压器年带电小时数，通常为 8760h。在变压器寿命分别取 20 年和 30 年，单位电度费用取 0.824 元/kWh 的情况下，计算得出对应的 A_{20}、A_{30} 分别为

$$A_{20} = 74.6 （元/W）$$
$$A_{30} = 85.6 （元/W）$$

变压器的单位负载损耗等效初始费用或 B 系数（元/W），除与电价有关外，还与变压器所带负荷的负载特征有关，其简易计算公式如下

$$B = k_{pv} E_e (\tau_1 \beta_{12} + \tau_2 \beta_{22} + \cdots + \tau_n \beta_{n2}) k_t / 1000 \qquad (6-12)$$

式中：β_{12}，β_{22}，$\cdots$，β_{n2} 为变压器负载系数；τ_1，τ_2，$\cdots$，τ_n 为对应于 β_1，β_2，$\cdots$，β_n 的小时数；k_t 为变压器的温度校正系数。

整流变压器、动力变压器以及主变压器 B 值确定时，由于它们的负荷特点不同，负荷率也不同，因此需分别考虑。

整流变压器的寿命取 20 年时：

$$B_{20} = 12.7（元 /W）$$

整流变压器的寿命取 30 年时：

$$B_{30} = 14.5（元 /W）$$

动力变压器的寿命取 20 年时：

$$B_{20} = 4.6（元 /W）$$

动力变压器的寿命取 30 年时：

$$B_{30} = 5.2（元 /W）$$

根据上述推导的 A 值、B 值以及变压器供货商提供的不同损耗时变压器的价格，计算其 TOC 值，来确定适合本工程的变压器结构型式。

（1）整流变压器。不同损耗时整流变压器 TOC 值如表 6-12 所示。

表 6-12　　　　　　　　不同损耗时整流变压器 TOC 值

类别	容量	购置成本	P_0	P_k	A（元 /W）		B（元 /W）		TOC（万元）	
	(kVA)	（万元）	(W)	(W)	A_{20}	A_{30}	B_{20}	B_{30}	20 年	30 年
Ⅰ组	3300	71.79	4550	21 500	74.6	85.6	12.7	14.5	133.0	141.9
Ⅱ组	3300	65.85	5100	23 900					134.2	144.2
Ⅰ组	2500	52.65	4060	15 800	74.6	85.6	12.7	14.5	103.0	110.3
Ⅱ组	2500	48.29	4550	17 900					105.0	113.2

表 6-12 中Ⅰ组数据为损耗小而初始价格高的变压器，Ⅱ组数据为初始价格低而损耗大的变压器，通过计算结果的对比可以看出，对于整流变压器，损耗小而初始价格高的变压器 TOC 值比初始价格低而损耗大的变压器的 TOC 值小。

因此，整流变压器选择损耗小、初始价格高的变压器较合适。

（2）动力变压器。采用与整流变压器相同的分析方法，计算出不同损耗的两组配电变压器的 TOC 值如表 6-13 所示。

表 6-13　　　　　　　不同损耗的两组配电变压器的 TOC 值表

类别	容量	购置成本	P_0	P_k	A（元 /W）		B（元 /W）		TOC（万元）	
	(kVA)	（万元）	(W)	(W)	A_{20}	A_{30}	B_{20}	B_{30}	20 年	30 年
Ⅰ组	1000	19.087	2495	12 310	74.6	85.6	4.6	5.2	43.4	46.8
Ⅱ组	1000	18.105	2750	13 600					44.9	48.7
Ⅰ组	800	17.453	2270	11 460	74.6	85.6	4.6	5.2	39.7	42.8
Ⅱ组	800	16.625	2500	12 650					41.1	44.6

续表

类别	容量	购置成本	P_0	P_k	A（元/W）		B（元/W）		TOC（万元）	
	（kVA）	（万元）	（W）	（W）	A_{20}	A_{30}	B_{20}	B_{30}	20 年	30 年
I 组	315	8.193	945	4065	74.6	85.6	4.6	5.2	17.1	18.4
II 组	315	7.317	1050	4500					17.2	18.6

从表 6-13 可以看出，配电变压器选择损耗小、初始价格高的变压器较合适。

（3）节能及经济分析。采用损耗小、初始价格高的变压器后，在设计寿命期限内，可节省的损耗费用如表 6-14 所示。

表 6-14　　　　　　　变压器节能及经济分析

变压器类型	变压器容量（kVA）	数量（台）	节省 TOC 值（万元）	
			20 年	30 年
整流变压器	3300	22	26.40	50.60
整流变压器	2500	10	20.00	29.00
动力变压器	1000	50	75.00	95.00
动力变压器	800	50	70.00	90.00
动力变压器	315	6	0.60	1.20
合计节省量			192	265.8

从表 6-14 可以看出，当变压器设计寿命按 20 年计算时，在整个运营期限内，可节省 TOC 值 192 万元；当变压器设计寿命按 30 年计算时，可节省 TOC 值 265.8 万元。

6.3.6　采用节能变压器的节能效果

欧美国家大力应用高效变压器。在美国，标准配电变压器的能效为 96%～98.59%，高效配电变压器的能效为 98%～99% 以上；在欧洲，变压器按能效水平划分为非晶合金、超高能效、高能效、正常能效等不同标准类型。我国变压器型号中含有性能水平代号，反映了变压器的损耗水平。目前性能水平代号包括 8、9、10、11、13 型以及适用于非晶合金铁芯配电变压器的 15 型等。对不同电压等级和类型的变压器，GB 6451《油浸式电力变压器技术参数和要求》等基础标准规定了变压器的基础空载损耗和负载损耗；不同性能水平变压器的空载和负载损耗在此基础上有规定程度的降低。如 10kV 油浸式电力变压器，11 型产品的空载损耗在标准规定损耗的基础上下降 30%，负载损耗下降 15%；110kV 变压器，10 型产品的空载损耗比标准规定损耗下降 15%，负载损耗下降 15%。

1. S9 型节能变压器

S9 型节能变压器在结构上进行了改良，铁芯材质不再是过去的硅钢片，而是采用了低损耗的硅钢片，和 S7 型变压器相比，空载损耗降低了大约 11%，负载损耗降低了 20% 以上，有明显的优势。通过 20 世纪 90 年代后期农网改造中对 S9 型的应用，S9 型已经逐渐取代 S7 型，并在国内得到广泛的使用。

2. S11 型节能变压器

20 世纪 60 年代，已经有许多发达国家开始推广 S11 型节能变压器，现在国内也已将老旧高耗能变压器更换为 S11 型节能变压器。S11 型变压器是低噪声、低损耗型变压器，设计进一步优化，结构有所改进。其铁芯采用的是卷铁芯结构，不同于以往的叠片结构，主要特点如下：

（1）铁芯连续卷绕的结构充分利用了硅钢片的取向性，降低了 20%～30% 的空载损耗。

（2）由于铁芯是无接缝的，极大程度改善了其导磁性，降低了磁阻，使空载电流减少 60%～80%，从而提高功率因数，降低网损。

（3）卷铁芯的结构是非常紧固的，不需要外加零件进行加固，这使得铁芯性能可以长时间保持优良，避免损耗增加。

（4）卷铁芯自身是一个无接缝的整体，且结构紧凑，在运行时的噪声水平降低到 30～45dB，能有效减少其对城镇造成的噪声污染。

3. S13 型节能变压器

S13 型节能变压器各项性能指标都非常好。它是在 S11 型变压器的基础上进行改良，铁芯结构为三角形排列且无接缝，在专用设备上卷绕成型，降低了磁阻，减少了空载电流，降低了网损，提高了供电质量。除了降低损耗外，由于其卷铁芯是无接缝的结构，因此在运行过程中噪声水平会有所降低，适合在建筑物内和生活区安装使用。

4. S14 型节能变压器

S14 型节能变压器是在新工艺、新结构、新材料的基础上，将铁芯叠片和线圈绕制进行了改良，更换了铁芯、线圈及绝缘的结构和材料。铁芯选用了优质低损耗硅钢片，铁芯结构由之前的圆形截面改为长圆形，既使有效截面积保持不变，又在减小铁芯质量的同时减少了空载损耗。线圈选用优质低电阻率无氧铜导线，线圈结构为配套铁芯也由圆形改为长圆形，油道由全油道改为半油道，可减少铜导线使用量。改良后的 S14 型变压器减少了油浸式配电变压器铜、硅钢片、铁、变压器油等有效材料使用量，使得变压器体积和质量都变小了，因此空载损耗和负载损耗比原来降低许多，减少了原材料及变压器生产过程中能源消耗和碳排放量。S14 型节能变压器和同容量的 S11 系列相比,其空载损耗平均降低了大约 32%,负载损耗平均降低了 24%。推广大量使用,将节省大量能源和材料,减小碳排放量,具有良好的经济效益和环保效益。

5. SH15 型节能变压器

SH15 型节能变压器的铁芯材质与其他变压器不同,采用的是非晶合金材料,非晶合金是一种新型磁导材料,不存在晶体结构,磁化功率小,电阻率高,因此涡流损耗小,其铁损仅为硅钢变压器的 1/5。非晶合金铁芯具有高饱和磁感应强度、低损耗、低激磁电流、良好的温度稳定性等特点。其抗短路能力强,安全可靠,不需维护,油箱结构、保护装置等方面与全密封油浸变压器类似,采用真空注油,可完全排除线圈中的气泡,确保了绝缘性能的稳定。和 S9 型变压器相比,空载损耗减少了 70%~80%,适用于低载率的场所。SH15 型节能变压器取消了储油柜,由片式散热器代替油管作为冷却元器件,油箱上面有充气垫,可随变压器油体积膨胀而压缩,此结构将变压器油与空气分隔开,增加变压器油的使用时间,使运行变得更加可靠,且正常运行免维护。

第7章 车 辆

7.1 节 能 原 理

列车牵引功率主要与列车运行最高速度、列车质量、最高速度时的列车运行阻力和剩余速度、齿轮传动效率、牵引电机效率有关，计算公式如下

$$P_K = \frac{(M \cdot \omega_0 + 1.06M \cdot \Delta a) \cdot (v_{max} + \Delta v) \times 10^{-3}}{3.6\eta_{Gear} \cdot \eta_{MM}} \tag{7-1}$$

式中：M 为列车质量，t；ω_0 为摩擦系数，kN/t；Δa 为剩余加速度，m/s²；Δv 为逆风速度，km/h；v_{max} 为列车运行最大速度，km/h；η_{Gear} 为传动效率；η_{MM} 为牵引电机效率。

车辆节能并非单指行车中能耗的节约，而是包括对原材料、制造、运输、运营、维修等各方面能耗的节约。

通常的节能途径包括：

（1）通过降低车辆负荷、提高牵引动力效率来降低牵引能量的消耗。

（2）提高制动能量的回收利用。

（3）通过照明灵活化、提高空调设备效率等来节省辅助机械能量。

（4）通过降低制造成本、降低维修费用来节约制造维修能量等。

7.1.1 车辆自重

轨道交通车辆采用的电动车组的特点是车辆自重大，其质量约占定员车总重的 2/3，因此减轻车辆自重、合理布置车下设备是减少牵引耗电的有效措施。

相较于不锈钢、耐候钢等其他材质，铝合金车辆对轻型化的效果特别大，空车质量可减轻约 5%，可以认为牵引动力费也可节省同样的比例，以 6 辆编组 B 型车为例，不同材质车辆轻型化的比较如表 7-1 所示。由于质量减轻，在同样牵引力条件下，节能约 5%。

表 7-1　　　　　　　　　　不同材质车辆轻型化的比较

材料	钢	铝
自重（t/列）	213.8	203.6

材料	钢	铝
自重差（t）	10.2（5%）	

7.1.2　车辆的运行阻力

列车总阻力由三大部分组成，包括机车车辆阻力、加速度阻力与线路阻力。

机车车辆阻力包括各种常见的机车车辆单位阻力、轴承摩擦阻力、滚动阻力、冲击阻力和空气阻力。机车车辆阻力根据戴维斯公式计算

$$F_{rr} = A + Bv + Cv^2 \tag{7-2}$$

式中：A=1.3+2.9/W，W 为列车的轴重；B、C 为与车型有关的系数，对于客车 B=0.03，C=0.000 34S/WN，其中 S 为迎风面积；W 为轴重；N 为轴数；对于货车 B=0.045，C=0.000 5S/WN，其中 S 为迎风面积；W 为轴重；N 为轴数；v 为列车速度。

参数 A、B 和 C 根据列车编组和质量决定。

目前在国内城市轨道交通领域，机车车辆基本阻力公式主要有以下 3 个来源：①来自机车车辆供应商的经验公式，当新项目选中牵引供应商时，按照机车车辆供应商的经验公式进行计算。②来自机车车辆检验站在环行试验线的试验结果，由于城轨领域新车型不强制要求委托第三方进行全套型式试验，因此，这个来源较少。③来自一些大学和研究机构进行的试验研究，如某大学在广州和杭州进行的试验研究。一些典型的列车单位基本阻力计算公式如下

$$w_0 = 1.73 + 0.007\,1v + 0.000\,405v^2 \tag{7-3}$$

$$w_0 = 2.09 + 0.039\,3v + 0.000\,675v^2 \tag{7-4}$$

$$w_0 = 0.95 + 0.004\,73v + 0.000\,744v^2 \tag{7-5}$$

$$w_0 = 0.74 + 0.001\,39v + 0.000\,86v^2 \tag{7-6}$$

式中：w_0 为列车单位基本阻力，N/kN；v 为列车运行速度，km/h。

式（7-3）为庞巴迪公司列车的单位基本阻力公式，式（7-4）为三菱公司列车的单位基本阻力公式，式（7-5）为广州地铁 5 号线列车的单位基本阻力公式，式（7-6）为杭州地铁 1 号线列车的单位基本阻力公式。由于地铁车辆运行速度低，其空气阻力相对较小，车体流线型设计必要性不大，为减少车辆长度，没有做流线型车体设计。

加速度阻力由质量系数和惯性阻力构成。分段线路阻力首先要考虑坡道阻力 W_S 和曲线阻力 W_R。坡道阻力 W_S 为斜坡下沉力，它由列车总重 G_{zug} 和坡度 S 计算

得出

$$W_S = G_{zug} \cdot \frac{S}{1000} \qquad (7\text{-}7)$$

在确定曲线阻力 W_R 时必须考虑，车轮通常是固定在车轴上，并且轮对是刚性地支承在转向架构架内。这样，车辆在曲线运行时车轮和钢轨之间产生滑动摩擦，即纵向滑动，在装有刚性车轴的车辆上还有横向滑动。

计算曲线阻力有各种公式，例如：

纵向阻力： $G\mu_g \cdot \dfrac{e}{2R}$

横向阻力： $G\mu_g \cdot \dfrac{1}{2R} \cdot \sqrt{\alpha^2 + e^2}$

由此得出 1kN 车辆质量的曲线阻力计算方程：

$$W_R = 0.5\mu_g \cdot \frac{1}{R} \cdot \left(e + \sqrt{e^2 + \alpha^2}\right) = \mu_g \cdot \frac{0.72e + 0.47\alpha}{R} (\text{N/kN}) \qquad (7\text{-}8)$$

式中： G 为车辆质量； μ_g 为轮轨间摩擦系数（滑动摩擦），夏季按 220N/kN，冬季按 165N/kN； e 为钢轨中心线距离； α 为轴距； R 为曲线半径。

不同轨距下的钢轨中心线距离如表 7-2 所示。

表 7-2　　　　　　　　　　　不同轨距下的钢轨中心线距离

轨距（mm）	1435	1000	750
e（m）	1.50	1.06	0.80

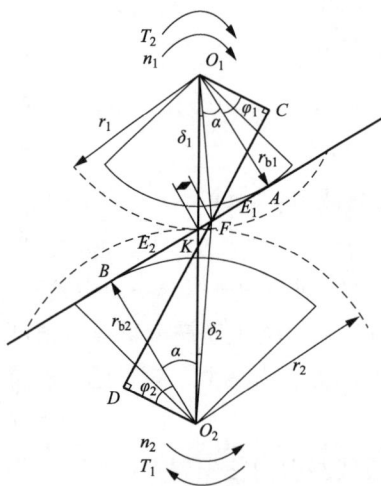

图7-1　渐开线齿轮啮合示意图

综合上面公式得出列车总重和机车阻力成正比关系，从中看出减轻车辆自重很有必要。

7.1.3　车辆的传动效率

在保证所需轮周功率的情况下，提高齿轮传动装置、牵引电机、逆变器的效率，以降低逆变器输入功率，可节约牵引能量。

采用齿轮传动装置时，渐开线齿轮的啮合如图 7-1 所示。图中， r_1、r_{b1} 和 r_2、r_{b2} 分别为主动轮 1 和从动轮 2 的节圆和基圆半径，为理想啮合线， $\overline{E_1E_2}$ 为实际啮合线， $\overline{CD}$ 为啮合点处法向压力和摩擦力的合力所在线段。

设齿轮传动比为 i，主动轮 1 的驱动力矩为 T_1，啮合处产生的摩擦力矩为 T_f，从动轮 2 的负载力矩为 T_2。T_1 与 T_2 的关系为

$$iT_1 = T_2 \tag{7-9}$$

该齿轮副的瞬时啮合效率可用包含瞬时旋转角度的微分方程表示，即

$$\eta = \frac{T_1 \mathrm{d}\theta}{T_1 \mathrm{d}\theta + T_f \mathrm{d}\theta} = \frac{T_1}{T_1 + T_f} \tag{7-10}$$

设啮合点处的法向压力为 F_N，在该压力下的滑动摩擦力为 f_{F_N}，故在啮合点处的合力为 F_Q，F_N 及 F_Q 与力矩的关系分别为

$$F_Q = \sqrt{F_N{}^2 + (f_{F_N})^2} \tag{7-11}$$

$$\begin{cases} T_1 + T_f = F_Q \overline{O_1 C} \\ T_2 = F_Q \overline{O_2 D} \end{cases} \tag{7-12}$$

由图 7-1 所示几何关系，可得力臂 O_1C 和 O_2D 的计算式为

$$\begin{cases} \overline{O_1 C} = \dfrac{r_{b1} \cos(\alpha - \delta_1 + \varphi)}{\cos(\alpha - \delta_1)} \\ \overline{O_2 D} = \dfrac{r_{b2} \cos(\alpha + \delta_2 + \varphi)}{\cos(\alpha + \delta_2)} \end{cases} \tag{7-13}$$

结合式（7-10）～式（7-13），可得当啮合点在节点右侧时的瞬时效率表达式为

$$\eta_{右} = \frac{r_1[r_2 \cos\alpha - (r_2 \sin\alpha + L)\tan\varphi]}{r_2[r_1 \cos\alpha - (r_1 \sin\alpha - L)\tan\varphi]} \tag{7-14}$$

同理可得，当啮合点在节点左侧时的瞬时效率表达式为

$$\eta_{左} = \frac{r_1[r_2 \cos\alpha + (r_2 \sin\alpha - L)\tan\varphi]}{r_2[r_1 \cos\alpha + (r_1 \sin\alpha + L)\tan\varphi]} \tag{7-15}$$

设其实际啮合线为 $\overline{E_1 E_2}$，其中，右侧啮合线为 $\overline{KE_1}$，左侧啮合线为 $\overline{KE_2}$，在啮合线整段的平均效率 $\bar{\eta}$ 计算式如式（7-16）所示。当齿轮从右侧 E_1 点啮合至节点 K 时，其平均效率 $\overline{\eta_{右}}$ 计算式如式（7-17）所示。当齿轮从节点 K 啮合至右侧 E_1 点时，其平均效率 $\overline{\eta_{左}}$ 计算式如式（7-18）所示。

$$\bar{\eta} = \frac{\overline{\eta_{右}} + \overline{\eta_{左}}}{2} \tag{7-16}$$

$$\overline{\eta_{右}} = \frac{\int_0^{\overline{KE_1}} \eta_{右} \mathrm{d}L}{\overline{KE_1}} \tag{7-17}$$

$$\overline{\eta_{左}} = \frac{\int_0^{\overline{KE_2}} \eta_{左} \mathrm{d}L}{\overline{KE_2}} \tag{7-18}$$

得到其在实际啮合段 $\overline{E_1 E_2}$ 上的平均效率为

$$\overline{\eta} = \{[z_1 i(1+i)(\cos\alpha + f\sin\alpha)]/[\sqrt{z_1^2 \sin^2\alpha + 4z_1 + 4} + \sqrt{z_1^2 i^2 \sin\alpha + 4iz_1 + 1} - z_1(1+i)\sin\alpha] f\} \cdot$$
$$\ln\left[1 + \frac{\sqrt{z_1^2 i^2 \sin\alpha + 4(1+z_1^2)} - iz_1 \sin\alpha}{z_1(\cos\alpha - f\sin\alpha)}\right] \tag{7-19}$$

式中：Z_1 表示主动轮齿数；i 表示传动比；f 表示摩擦系数；α 表示压力角。

7.1.4　牵引电机效率

采用电动机驱动来满足车辆牵引的电气传动部分，称为电牵引传动系统。它以牵引电机为控制对象，对电机的牵引力和速度进行调节，以满足车辆牵引和制动特性的要求。

电机效率最优控制技术可以分成两大类，一类为基于损耗模型效率最优控制方法（loss-model-based control, LMC），另一类为在线搜索效率最优控制方法。两种控制方法都能够使电机的损耗达到最小，只是采用的方式不同。

基于损耗模型效率最优控制是一种前馈式控制方法。它首先需要根据电机参数及所需控制变量列出与电机损耗相关的目标函数模型，目标函数模型可以包含电机的损耗函数、电机的效率函数等。函数模型可以在电机的矢量控制系统或非磁场定向控制系统中构建。模型中控制的变量可以为定子电压、定子电流、定子频率、转差频率、功率因数、磁通或其他。其次对目标函数进行分析，把问题转化为以控制变量作为自变量，以目标函数作因变量的求函数极值问题。基于损耗模型效率最优控制方法的优点在于它能够快速地计算出使电机损耗最小的控制变量的给定值，使电机效率最优控制得以实时实现。该方法也有不足之处，目标函数的获得首先依赖于电机的参数，当电机参数发生变化时，如果不及时地在线识别出电机参数，那么只能获得电机的次最优控制，而且杂散损耗和机械损耗并不是固定不变的常数，精确的目标函数将会变得很复杂，需要更复杂的运算。

在线搜索效率最优控制不需要列出和损耗有关的目标函数。电机在一定的转矩和转速下输出的功率保持不变，不断地检测电机的输入功率，通过在线调整控制变量使电机的输入功率向最小方向发展。目前已经有文献提出在感应电机的标量控制和矢量控制中实现在线搜索效率最优控制方法。但是许多文献都没有提供一种简单、有效、快速的最优控制算法。一般的算法都是凭经验给出收敛算法步长，收敛速度较慢。另外，要对输入功率进行精确的检测。因此对系统增加了较高的硬件要求，为系统的实现带来了不便。

就实现最优控制的具体方法来说，大致可以分为以下三个方面：

（1）简单的状态控制。简单的状态控制利用了这样一个事实，即某些与电动机最优效率相关的变量，是容易确定的。稳态下，当电机效率最优时其功率因数几乎是一个常数。由于功率因数容易测量，因此恒功率因数控制是一种简单、有效的控制方式。虽然最优功率因数与负载无关，但是负载大小会直接影响功率因数的可调范围，而且低速时功率因数也将随转速的降低而迅速上升。因此在大负载或低转速时，需要调整功率因数的设定值。

（2）基于损耗模型的控制。这种控制策略的基础是建立电动机的损耗模型。由期望的转矩直接决定电动机的最优磁场，提高系统效率。基于损耗模型的效率优化策略已被用于标量控制和矢量控制的闭环传动系统当中，可实现电机效率全局最优。研究表明，在转子磁场定向条件下，当与 d 轴相关的损耗等于与 q 轴相关的损耗时，电机损耗最小，而效率最高。这需要充分考虑电机运行过程中的各种损耗，建立较为精确的损耗模型，依据电机转速和电流信号，导出不同运行状态下最小损耗励磁电流，通过运算得到最优的磁链信号，从而实现电机在整个速度范围内始终能够高效率运行。该方法具有响应速度快、适合各种速度场合等优点，但需要电机模型的参数信息，因此对损耗模型的可靠性和准确性要求较高。

（3）基于输入功率最小的控制。这种控制的原理是在保持电动机的输出功率一定时，寻找输入功率为最小值的运行点。假设负载恒定，通过控制转速恒定可满足输出功率恒定的条件，以小步长逐次改变电机的励磁深度时，实时测量输入功率即可找到输入功率为最小值的运行点。这种控制的主要优点是无须知道电机或变换器的参数，但采用这种优化策略的系统，在轻载情况下，由于电机的磁通值很低，负载扰动可能会引起转速波动。另外，输入功率是气隙磁通的函数，它在效率最优点附近变化比较平坦，这就要求输入功率的测量必须是高精度、无噪声的。由于系统效率是一个复杂的非线性函数，因此很难使系统快速达到效率最优的点，不适用于动态频繁的场合。通常采用的定步长搜索方法，收敛时间较长，不适合在负载变化频繁的场合应用。

7.2 节 能 设 计

7.2.1 选用轻型车辆

轨道交通车辆采用的电动车组其特点是车辆自重较大,其质量约占定员车总重的 2/3,也就是说相当部分牵引用电消耗在车辆自重上面,因此减轻车辆自重、合理布置车下设备就是减少牵引耗电的有效措施。在车体流线方面,由于地铁车辆运行速度低,车体流线型设计必要性不大,为减少车辆长度,没有做流线型车体设计。

车辆是城市轨道交通运送乘客的载体,是城市轨道交通系统中的关键核心移动设备。车辆选型牵涉运量大小、运营质量、服务水平、城市环境景观等诸多方面。合理选择车辆形式有利于提高系统功能和服务水平,资源共享,减少能耗,保护环境,降低工程建设投资和维修费用,提高社会经济效益。

为降低车体重量,车体可采用整体承载铝合金结构、大断面中空挤压铝型材全焊接结构。运用有限元分析整车结构,在保证车体强度以及刚度的前提下,通过降低型材壁厚、拉大筋板间距等方式减少型材单位面积的重量;合理调整型材长度分布,减少焊缝重量。优化焊接方式,车体侧墙采用搅拌摩擦焊焊接技术,能够使车体侧墙焊缝、热影响区的强度和疲劳寿命大幅提高,原来设计用来弥补焊接对强度影响的安全裕量可降低,这样可以减薄车体型材壁厚,车体结构轻量化。

在国内,地铁车辆一般有 A、B 两种型号。两种车型的主要区分是车体宽度。长度可以靠改变编组来随时变化,高度差别不大。

A 型车长 22m,宽 3m;B 型车长 19m,宽 2.8m。

A 型车具有宽敞、舒适的优点,但它也具有相对较高的造价以及对线路条件、限界、站台、车辆段等要求都很高的缺点。所以目前只有上海、南京(全部为 A 型车)深圳、广州部分线路采用 A 型车。

B 型车因为具有相对成熟的加工和制造技术,较低的成本以及维修方便的优点,被目前大部分城市采用。

地铁 A 型车和 B 型车主要技术规格见表 7-3。

表 7-3 　　　　　　　　　 A 型车和 B 型车主要技术规格

车型	A 型车	B 型车	A 型车 /B 型车
车辆基本长度(mm)	22 000	19 000	>15.8%
车辆基本宽度(mm)	3000	2800	>7%
车辆高度(mm)	3800/3600	3800/3600	—

续表

车型	A 型车	B 型车	A 型车 /B 型车
车辆地板面高度（mm）	1130	1100	>2.7%
车辆定距	15 700	12 600	>24.6%
固定轴距	2500	2300	>8.7%
额定载客量（6 人 /m²）	310	230/250	25%
受流方式	接触轨 / 接触网	接触轨 / 接触网	—
最大轴重（t）	16	14	14.3%

从表 7-3 中看出，A 型车比 B 型车长度增加 15.8%，车辆宽度增加 7%，额定载客量增加 25%～35%，轴重增加 14.3%。由于 A 型车和 B 型车的主要尺寸和轴重大小的差异，必然影响到载客量、编组数量、客流量、配置数量、土建规模、线路选择和投资大小等许多重要因素。

不同编组列车长度和客流量如表 7-4 所示。6 辆编组 B 型列车高峰小时断面客流量为 4.38 万人，同样 6 辆编组 A 型列车高峰小时断面客流量为 5.58 万人，A 型车比 B 型车客流量增加 27%；8 辆编组 A 型列车比同样编组 B 型车的客流量增加 26.5%。因此，当高峰小时断面客流量大于 4.5 万人时宜选用 A 型车；高峰小时断面客流量小于 4.5 万人时宜选用 B 型车。

在完成相同运量的条件下，4 辆编组 A 型列车的运量与 5 辆编组 B 型列车的运量相当，6 辆编组 A 型列车的运量与 8 辆编组 B 型列车的运量相当。因此，不论选择 A 型车还是 B 型车都可以满足同等运量条件的要求。

表 7-4　　　　　　　　　不同编组列车长度和客流量

车型	编组（辆）	高峰小时单向断面客流量（万人次 /h）	列车长度（m）
A 型车	4	3.72	94
	5	4.65	117
	6	5.58	140
	7	6.51	163
	8	7.44	185
B 型车	4	2.82	78
	5	3.63	98
	6	4.38	117
	7	5.13	137
	8	5.88	156

不同车辆类型会对土建规模产生影响。首先是车辆宽度加宽对土建工程规模的影响。从车辆宽度看，A 型车比 B 型车宽 200mm，车辆限界、设备限界和建筑限界都要比 B 型车大一些。根据《地铁限界标准》（CJJ 96—2003），将 A 型车和 B 型车的限界最大尺寸列在表 7-5 中。

表 7-5   A 型车和 B 型车限界最大尺寸

车型限界	土建类	车站和区间直线段矩形隧道		区间直线段圆形隧道	
		最大宽度（mm）	最大高度（mm）	最大宽度（mm）	最大高度（mm）
A 型车	车辆限界	3284	3885	3284	3885
	设备限界	3406	3945	3406	3945
	建筑限界	4300	5060	φ5200	
B1 型车	车辆限界	3080	3867	3080	3867
	设备限界	3208	3927	3208	3927
	建筑限界	4100	4760	φ5100	
B2 型车	车辆限界	3080	3867	3080	3867
	设备限界	3208	3928	3208	3928
	建筑限界	4100	5060	φ5200	

从表 7-5 中可知，A 型车直线段矩形隧道建筑限界横断面积为 21.758 m^2，B1 型车为 19.516 m^2，B2 型车为 20.746 m^2。A 型车矩形隧道横断面积比 B1 型车增加 11.5%，比 B2 型车增加 4.9%。对于区间直线段圆形隧道，A 型车建筑限界和 B2 型车的相同，横断面积相同；但 A 型车圆形隧道横断面积比 B1 型增加 3.96%。因此，A 型车由于车辆宽度加大，将使车站和区间土建工程量增加 4%~12%。

其次是车辆加长对土建工程规模的影响。车辆加长对区间土建工程没有影响，主要影响车站土建工程。列车中每增加一辆 A 型车，车站平面面积增加约 140~170 m^2，如按地下车站每平方米土建费为 8000 元估算，每个车站增加土建投资 112 万~136 万元。

此外，车辆加宽加长会影响车辆段土建规模。由于车辆加宽加长，车辆段的停车库、检修库和洗车库的股道长度和宽度都要加大，车库面积增加，土建工程量和投资也要增加。

A 型车和 B 型车综合技术经济比较见表 7-6。

表 7-6　　　　　　　　　　**A 型车和 B 型车综合技术经济比较**

车型	A 型车（铝合金）	B 型车（不锈钢）
车辆基本长度（m）	22	19
车辆宽度（m）	3.0	2.8
最大轴重（t）	16	14
高峰小时单向断面客流量（万人/h）	≥4.5	≤4.5
编组数量	4 辆 A 型车的运量与 5 辆 B 型车的运量相当，6 辆 A 型车列车的运量与 8 辆 B 型车列车的运量相当	
区间和车站土建工程量	A 型车比 B 型车增加 4%～12%	
车辆段土建工程量	大	小
每辆车平均价格	A 型车比 B 型车增加 35.6%	
车辆配置数量	A 型车数量比 B 型车减少 20%～30%	
车辆购置费（相同运量）	A 型车采购费用比 B 型车略低	

此外，对于车辆的内饰材料，在满足强度的前提下尽可能选用铝板、铝蜂窝板、玻璃钢、轻质复合板、镁铝合金等轻量化材料，尽量不选用比较重的不锈钢材料。

在结构设计方面，采用集成化设计，简化连接结构，减少连接部件，减轻设计重量。

在车辆的布线 / 电器设备材料选择上，电器箱外罩支架主要采用铝合金、高强度不锈钢等轻量化材质；布线采用铝合金型材线槽结构，集成化可靠性高，在满足结构强度要求的情况下，做到轻量化设计。电器件选择上和布置设计上，选用较轻的元器件，减少不必要的结构。

7.2.2　减小运行阻力

（1）车辆推荐采用滚动轴承，选用优质润滑油，提高传动齿轮精度，选择良好的转向架旁承结构等，这些措施可减少摩擦的阻力。

（2）推荐车辆在转向架上采用 4 个刚性旁承，这时转向架内的力矩变化会通过 4 个旁承传给车体，即转向架的轴重转移传给车体。而车体由于跨距大，同样力矩所产生的轴重转移显然小得多，可充分利用黏着质量。

（3）提高车辆的空气动力学性能。综合考虑美观、流线型和制造方便诸因素设计车辆外形，以求最优方案。

措施 1：平顺化设计。采用车体及车门、车窗等外部安装部件采用平顺化处理，降低运行时气动阻力及气动噪声。采用塞拉门确保运行中车门与车体同一平面；车辆间设置外风挡，保证车辆表面无明显凹凸面；空调采用嵌入式安装方式，四周设置导流罩，并且底架设置全包裹的设备舱，保证车辆的平顺性。

措施 2：良好空气动力学性能的车辆头型。根据隧道断面的特点，通过计算比选，确定符合其运用要求的具有良好空气动力学性能的头型，降低通过地下隧道运行时的气动阻力。

7.2.3 采用 VVVF 牵引传动系统

采用变频变压（variable voltage and variable frequency，VVVF）逆变器调速、鼠笼式三相异步电动机驱动的交流牵引传动系统，逆变器元件采用 IGBT 功率元件。

VVVF 逆变器系统采用微机控制技术，具备自动诊断功能。每台动车 4 台牵引电机，当发生故障时可自动或由司机切除故障单元。

在城市轨道交通电动车组中多是采用可调电源的异步电动机，不论是采用标量控制方法还是矢量控制方法，从转矩调节的物理过程来说，归根结底只有变频调节和变压调节两种，这两种方法可以各自单独使用，但对于牵引一类的场合，大都联合使用。

首先，如果异步电动机在单纯变压调节的情况下，其转矩—转速特性曲线的位置和形状不变，但随着电压的平方而缩小或放大。在调节过程中，改变端电压，直到给定的速度点上发出负载所要求的转矩。这种调节方式虽然简单，却并不适合于牵引应用。这是因为：①供电电压不允许超过电动机的额定值，电动机的转速仅能在小于额定值的小范围内变化，当改变电机电压（逆变电压）时随着电压的增减转速也增减，但是由于同步速度不变，平衡点仅有稍许变化，而速度不会产生太大的变化。②由于转矩随转速的平方而减少，而转子电流随转速的一次方而减少，所以电动机在相同的热负载下，仅能发出较小的转矩。③最大转矩随供电电压的平方而下降，所以在低速运行时，为确保电动机不过热，负载转矩随转速而减少，这与牵引应用所需要的特性不相符合。

其次，讨论变频调节的问题。在牵引传动中，大都是采用变频变压联合调节方式，以满足大启动转矩和宽恒功区的要求。在变频调节时，如果供电电压不变，减少频率 f 将引起磁通 $\varPhi_{\mathrm{m}}$ 增加，导致电动机磁饱和，从而使电网电流畸变，损耗增大，并使噪声加大；反之，增加频率将减少磁通，电动机发挥转矩的能力下降。所以，在额定转速以下，为充分利用电动机的有效材料，一般按恒磁通要求进行调节，即保持 $\Phi_m \propto U_1/U_f =$ 常数；而在额定转速以上，由于电动机绝缘水平和供电电源容量的限制，异步电动机将在恒定电压下工作，即保持 $U_1 =$ 常数。

因此，为了控制速度必须改变电源的频率。同步速度与电源频率成正比地变化，而转矩具有随电源频率增加而减少的趋势。所以仅仅提高电源的频率，电动机也未必能够加速。

综上可知：异步电动机的速度控制要依靠电源电压 U、电源频率和转差频率这三个因素来进行。地铁、轻轨车辆牵引普遍采用调频调压控制，即所谓的 VVVF 控制。

控制车辆用的异步电机，必须改变三相交流的电压和频率，即需要可变电压、可变频率 VVVF 逆变器。

1. 用逆变器把直流变换成交流

直流变换成交流，在原理上由三相逆变器的 IGBT 开关按照规定的顺序进行开、关操作，即可向异步电机供给三相交流电。进而在 VVVF 逆变器中还要进行输出交流的调频调压控制。

2. 旋转方向的切换

在 VVVF 逆变器中，改变半导体开关的触发顺序，即可改变相序，从而可使异步电机的旋转方向反向。因此不再需要直流传动电动车主回路切换用的正反向转换开关。

3. 牵引—再生制动的切换

如前所述，当异步电机旋转时把转差频率转变成负值，电动机将产生制动作用，而且通过 VVVF 逆变器把制动电流变成直流而形成再生制动电流。

所谓把转差频率转变成负值，就是要使逆变器频率小于电动机的旋转频率（在牵引时逆变器的频率要大于电动机的旋转频率）。因此只要单纯控制逆变器的频率即可实现牵引—再生制动的切换。

4. 交流电压的控制

在 VVVF 逆变器中需要改变输出电压和频率，电压的控制采用脉冲宽度调制（pulse width moduation，PWM）控制方法。

增减逆变器输出电压一般采用控制平均电压的方法。与斩波的情况相似，通过把开关（IGBT）接通和断开的方法，使电压改变，此方法称为 PWM 控制。

PWM 控制是把一定幅值的电压进行斩波，增减其脉冲的宽度即可改变其平均电压（见图 7-2）。脉冲宽度越小，其平均电压就越小；另一方面，改变输出线间电压半周内的脉冲数也可控制输出电压。应用这种 PWM 控制，适当选取脉冲的数量和宽度，即可得到近似正弦波。

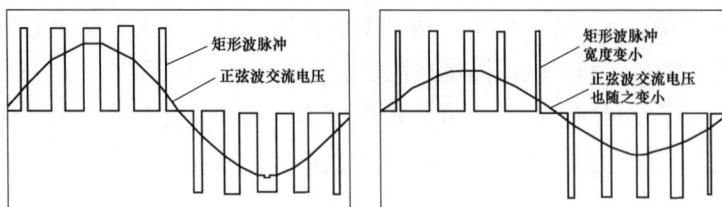

图7-2　通过改变脉冲宽度来调节输出电压的大小

7.3 节 能 效 果

7.3.1　轻量化车辆的节能效果

车辆采用大型挤压中空铝型材、模块化、轻量化结构。相对于其他材质，如不锈钢材料、耐候钢材料等，铝质车辆对轻型化的效果特别大，空车质量可减少约5%，可以认为牵引动力费也可节省同样的比例。由于质量减轻，在同样牵引力条件下，可节能10%～12%。

7.3.2　减少运行阻力的节能效果

车辆外形产生的阻力与速度相关，一般是速度在250km/h时，风阻上升到主导地位，地下线通道较小，当速度到140km时，风阻也会较大，对于100km/h的车辆，车辆的流线形对运行阻力变化的影响很小，所以一般只要是采用鼓形车体，就可以达到很好的减阻效果，过度加强流线形设计，会影响定员或是增加车辆的长度，可能会影响弯道限界尺寸。

7.3.3　采用VVVF交流调速传动和再生制动的节能效果

电气传动采用微机控制的变压变频（VVVF）交流调速方式，功率模块以IGBT为主原件。元件电气制动由再生制动和电阻制动组成，优先采用再生制动，再生制动和电阻制动可以连续交替使用。在黏着条件许可时，独立使用电制动便能在超员负载下满足常用制动的要求，在网压上升到DC 1800V时，再生制动平滑过渡到电阻制动。以上均为地铁列车主流技术，均能达到节能效果。

除上述常用措施外，由于车辆是使用最为频繁的设备，在车辆内采取相应的节能措施，其节能效果也较为显著。

车辆空调选用冷暖节能型，能根据客室载客量的变化自动调整客室新风量。空调机组控制模式一般分为全回风预冷工况、半冷工况、全冷工况、减新风全冷工况、通风工况和紧急通风工况等6种。客室目标温度设定值具备手动设置和自动控制（根据 UIC553 温度曲线）两种模式。温度选择开关一般分为 7 挡：关、自动、19℃、21℃、23℃、25℃、27℃。司机室具有温度集中设定功能，列车通信网络的温度设定优先级高于本车温度设定。当列车通信网络发送温度设定指令时，本车温度挡位的设定无效；列车通信网络可对不同的车辆发送不同温度的设定指令。综合以上控制技术，车辆空调系统可以实现按实际使用工况运行，从而提高压缩机的运行效率，达到节能效果。

由于地下环境中无法应用自然光，必须使用人工光源进行 24h 照明，因此控制车辆内部照明能耗也是节能需要考虑的重要方面。

在各种灯具中，LED 灯具在节能、稳定、耐用性方面具有传统灯具无可比拟的优势，尤其是其抗震性强、寿命长的特点非常适合地铁运营环境。作为半导体电子器件，LED 灯具更容易实现车厢照明的智能控制，实现智能调光、调色、远程控制等功能。2008 年香港地铁在全球最先引入 LED 光源作为地铁车厢内部照明后，便拉开了地铁照明的 LED 时代序幕。目前，多个地铁工程已采用 LED 光源作为车厢照明。

第8章 车辆基地及控制中心

8.1 节 能 原 理

车辆基地及控制中心主要耗能设备包括通风空调、照明、列车牵引和各种机电设备等。相对来说，车辆基地里各种作业能耗相对较小，更多的是基地内建筑物的运行能耗，因此，车辆基地节能需更多地考虑建筑物的节能设计。

根据国家最新颁布的《公共建筑节能设计标准》（GB 50189—2015），建筑物的节能主要体现在水系统、风系统的负荷计算、设备选型、系统的合理布置、设置根据负荷变化进行调节运行的节能模式等诸方面。

8.1.1 建筑物节能

建筑物节能是指建筑物在规划、设计、建造和使用过程中，通过采用节能型材料和技术，加强用能管理，在保证建筑物节能和室内环境质量的前提下降低建筑物的能源消耗。

目前所称的节能建筑是指按建筑节能标准进行设计和建造，能明显提高室内舒适性，同时能够降低采暖、空调等能耗的建筑物。

建筑物能耗的形成主要有以下原因：

1. 采暖、空调降温的热因素

（1）采暖建筑的热因素。冬季采暖房屋内适宜温度的获得主要是依靠采暖空调设备的供热、太阳辐射的辅助供热和建筑外、内围护结构（含屋顶、外墙、外门、外窗以及有空间传热存在房间的内隔墙、楼板及门窗等）保温性能的相互配合，进而使采暖建筑达到得热量和失热量之间的平衡来实现。采暖建筑的热量来源主要有以下几类：

1）由采暖空调设备提供的热量（占70%～75%），其来源主要有以下几种：由城市供热网或地区供热厂供热、小区集中供热房供热；热泵型（或燃气或太阳能—燃气型）低温水媒辐射采暖系统、地源（空气源、燃气）热泵空调系统及电辐射采暖系统等的供热。

2）太阳辐射通过建筑外围护结构中的透明部分以直射和散射（即温差传热）

的方式将热量传递到室内。普通玻璃窗的透射系数高达 80%～90%，冬季太阳高度角又较低，在北半球太阳能资源较为丰富地区的南向窗口，窗口的热量远大于其他朝向。正南向建筑的长、宽比越大，太阳辐射的热也越多。对多数采暖地区的建筑来说，太阳辐射是冬季主要的辅助热源，但在某些严寒地区，若窗口的太阳辐射的热不足以抵消从窗户散失的热量时，应尽量减少开窗。建筑的得热和失热如图 8-1 所示。

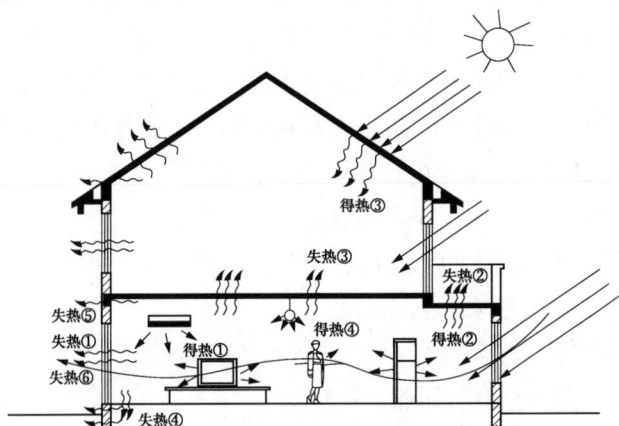

图8-1　建筑的得热和失热

3）太阳辐射被建筑围护结构（非透明部分）外表面所吸收并使之温度升高，在围护结构内外表面之间形成温差促使热量从外表面向内部传递并最终造成房间得热。该部分所受到的热量会占到建筑物热量的 15%～20%。

4）来自室内人体、室内照明灯具及所使用电器设备表面的散热，对住宅还需外加炊事烹调过程的散热占 8%～12%。在采暖建筑节能设计中，太阳、室内设备和人体所产生的热量可作为有利的热因素。

（2）空调降温建筑得热、得湿因素。

1）太阳直射和散射辐射通过外围护结构的透明部分使室内得热。经统计，建筑物夏季通过玻璃窗的日射得热占最大制冷负荷的 20%～30%。

2）由于室内外空气之间的"温差传热"所引起的通过外围护结构透明部分和非透明部分传递的热量使室内得热。

3）由于太阳辐射（包括直接和间接）最终造成的通过外围护结构非透明部分传给房间的得热。

4）由于房间通风换气和房间外空气通过门窗缝隙、通气孔、住宅烟囱、正对门厅入口的电梯井、穿越墙的管道等缝隙的直接渗透，导致室内得热及得湿。在比较潮湿的地区或季节，这部分得湿往往是空调湿负荷的重要组成部分。

5）由于夏季空调房间室内外空气水蒸气分压力的不同所引起的通过外围护结构实体部分的传湿使室内得湿。

6）来自室内人体的散热及散湿、室内水面的散湿、照明灯具及所使用电器设备表面的散热及某些电器设备的散湿，对住宅还须外加炊事烹调过程的散热及散湿，使室内得热、得湿。

7）空间传热得热。分隔空调与非空调空间的隔墙、板的空间传热；住宅户式空调因邻里设置温度不同、间歇空调运行制式不一致或邻里未使用空调而导致隔墙和楼板的空间传热；底层板作为无空调半地下室（外墙有窗或无窗）与其上部空调房间的分隔板而形成的空间传热，这些因素都有可能导致室内得热。

8）和土壤接触的底层地面的传热、传湿，使室内得热、得湿。

9）通过围护结构特殊部位的异常传热使室内得热。

以上得热是随时间变化的，除部分得热被内围护结构吸收并暂时储存外，剩余部分得热及得湿便直接构成空调负荷。

2. 建筑失热因素

建筑失热因素主要有以下几种。

（1）通过外围护结构的传热损失，含屋顶、外墙（包括非透明幕墙）、外窗（包括透明幕墙、天窗）、外门等的传热损失。

（2）底面接触室外空气的架空（如过街的板）或外挑板（如外挑的阳台板等）、采暖楼梯间的外挑雨棚板、空调外机搁板等的传热损失。

（3）空间传热损失，分隔采暖与非采暖空间的隔墙、板的空间传热损失；住宅户式采暖因邻里设置温度不同或间歇采暖运行制式不一致而导致隔墙和楼板的空间传热损失；底层板作为不采暖地下室（外墙有窗或无窗）与其上部采暖房间的分隔楼板而形成的空间传热损失。

（4）通过地面的传热损失，含周边地面（指距外墙内表面2m以内的地面）和非周边地面的传热损失。

（5）通过采暖地下室外墙的传热损失。

（6）通过围护结构特殊部位的异常传热损失。

1）围护结构交角处。和土壤接触的底层地面与其以上几十厘米高的外墙所形成的转角、外墙四周转角、内外墙交角、楼板或屋顶与外墙的交角等部位，由于存在二维、三维传热的影响，容易出现内表面温度偏低的情况，其后果是直接导致大量的传热损失，且有可能在内表面或地面发生冷凝（见图8-2）。

2）围护结构内部存在热桥，如钢或钢筋混凝土骨架、圈梁、过梁等，其保温性能比主体部分低得多，导致这些部分的传热损失比主体部分大得多，并有可能在内表面发生冷凝。

（7）由于房间通风换气和房间外空气通过门窗缝隙、通气孔、住宅烟囱、正对门厅入口的电梯井及穿越墙的管道等缝隙的直接渗透所导致的传热损失。

3. 建筑采暖空调能耗的形成

在冬季，建筑失热因素直接导致室内空气温度下降，为了防止室温下降到标准规定的限值范围以下，必须向室内提供热量，以弥补其失热；在夏季，

图8-2　围护结构交角处的热桥

空调建筑得热、得湿因素导致室内温度、湿度上升，为了抑制室内温度、湿度的上升，将室内温度、湿度保持在标准规定的限值范围以内，必须向室内提供冷量以抵消得热、得湿。

为抵消得热（得湿）、失热因素，保持室内空气的设计条件，单位时间内须向室内空气提供的冷量或热量称为建筑物的冷热耗量。建筑物冷热耗量的多少主要取决于以下因素：

（1）室外热环境构成要素：如当地的太阳辐射照度、室外空气温度、湿度、风速和风向、降水及周围环境的绿化等因素。

（2）室内热环境构成要素：如室内空气温度、湿度、室内风速、围护结构内表面平均辐射温度、人体的着装情况和活动量等因素。一般说来，室内外温差、辐射传热量越大，冷热耗量越大。夏季降低室温，冬季提高室温，都会增大室内外温差和辐射传热，相应也增大了冷热耗量。

（3）建筑物的节能措施：如建筑物的朝向、布局、所选择的建筑体型及其他节能措施是否有利于冬季增加室内太阳辐射得热并减少失热因素、夏季减少室内太阳辐射得热和其他得热因素，且在昼夜温差较大的地区是否利用夜间的自然通风排热。设计中若不考虑这些建筑节能措施，就会导致冷热耗量增大。

（4）建筑外围护结构热工性能的正确选择：正确选择外围护结构的构造、蓄热性能、平均传热系数的大小、外表面对太阳辐射热的吸收系数，不同朝向外窗的合理窗墙面积比和所选外窗、外门的热工性能，窗的开启和遮阳方式等。

（5）室内外空气交换或渗透状况：夏季室外空气焓值高于室内时，或冬季室外空气温度低于室内时，室内外空气交换或渗透量越大，冷热耗量也越大。

（6）室内人体、照明灯具及电器设备、水面等的散热、散湿量的大小。夏季室内散热、散湿量越大，耗冷量越大；冬季室内热源的散热可减少耗热量。

（7）当采暖空调设备处于不同运行状态下（如连续运行或间歇运行）的节能

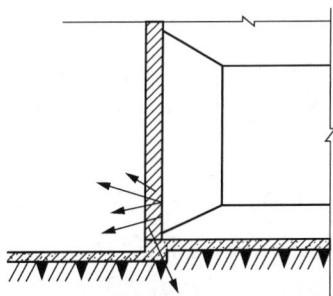

建筑，对围护结构热工性能也会有不同的设计要求。不考虑这些要求，就会导致冷热耗量增大。值得指出，建筑物的冷热耗量并不是建筑物的采暖空调能耗。采暖空调系统在向建筑物提供冷热量时所消耗的能量才是建筑物的采暖空调能耗。不同的采暖空调系统以不同的方式向建筑物提供相同的冷热量时所消耗的能量是不同的。建筑的采暖空调系统能耗由以下两个因素决定：① 建筑物的冷热耗量。② 所采用的采暖空调系统的能效比（即该系统向建筑物提供冷热量时的能源利用效率）。如 E 为采暖空调能耗；Q 为建筑物冷热耗量；E_{ER} 为采暖空调系统的能效比，则三者间的关系可用公式表示为

$$E = Q/E_{ER} \tag{8-1}$$

从式（8-1）可看出，要减少采暖空调系统的能耗应从两方面着手：①在建筑设计中采取综合节能措施以减少建筑物的冷热耗量。②提高采暖空调系统的能效比，并使其高效运行。

8.1.2 建筑能耗的构成

建筑能耗是指建筑在使用过程中所消耗的能量。建筑能耗最终是通过建筑设备的耗能来体现的。一般来说，建筑设备包括为保证室内空气品质、热、光等系统（如采暖、空调、通风、照明等系统）的设备和建筑的公用设施（如供电、通信、消防、给排水、电梯等系统）的设备，对住宅和某些公共建筑，还有炊事烹调、供应生活热水及洗衣等设备。由于居住建筑和公共建筑、各类公共建筑之间的功能和所处气候区的不同，因而为实现其功能各系统所消耗的能量及其在总能耗中所占的比例是不一样的。但通常情况下，在我国各类建筑物中，所占能耗比例最大的是采暖、空调、通风、照明系统，有时还要加上热水供应系统。据有关资料统计，我国北方城镇采暖能耗占全国建筑总能耗的 36%，为建筑能源消耗的最大组成部分，单位面积采暖平均能耗折合标准煤为 $20kg/(m^2 \cdot a)$，为北欧同等纬度条件下建筑采暖能耗的 2～4 倍。在我国北方采暖区住宅生活用能中，北方采暖区住宅建筑能耗的大体比例见表 8-1。

表 8-1 北方采暖区住宅建筑能耗的大体比例

能耗构成	采暖空调	热水供应	电气照明	炊事烹调
各部分所占比例（%）	65	15	14	6

对于南方地区，采暖空调能耗略有下降，所占比例为 40%～55%。我国城镇的住宅总面积约为 100 亿 m^2，除采暖外的住宅能耗包括空调、照明、炊事、生活

热水、家电等，折合用电量为 10～30 kWh/(m² · a)，用电量约占我国全年供电量
的 10%。随着人们生活水平的提高，目前仍呈上升态势；大城市的生活热水能耗
也在逐年增加。

目前我国有 5 亿 m² 左右的大型公共建筑，耗电量为 70～300 kWh /(m² · a)，
是普通公共建筑的 4～6 倍，是住宅建筑的 10～20 倍。大型公共建筑是建筑能源
消耗的高密度领域。在公共建筑（特别是大型商场、高档旅馆酒店、高档写字楼
等）的全年能耗中，50%～60% 的能耗用于采暖空调系统，20%～30% 的能耗用
于照明。而在采暖空调系统能耗中，有 20%～50% 是外围护结构的冷热耗量所消
耗（夏热冬暖区约为 20%，夏热冬冷地区约为 35%，寒冷地区约为 40%，严寒地
区约为 50%），其余 30%～40% 为处理新风所消耗。公共建筑的能耗情况比较复
杂，其能耗一般较居住建筑高出很多，且不同公共建筑间能耗相差甚远，能源浪
费现象较为严重，具有很大的节能潜力。

从上述论证可以看出，不论是居住建筑还是公共建筑，采暖空调系统能耗和
电气照明能耗在总能耗中所占比例均较大，因此，建筑节能设计目前主要是减少
这两方面的能耗。

8.1.3　建筑能耗的评价指标

（1）建筑物耗冷量指标（index of cool loss of building）。按照夏季室内热环境
设计标准和设定的计算条件，计算出的单位建筑面积在单位时间内消耗的需要由
空调设备提供的冷量。这个指标主要用来衡量建筑围护结构热工性能的优劣。

（2）建筑物耗热量指标（index of heat loss of building）。按照冬季室内热环境
设计标准和设定的计算条件，计算出的单位建筑面积在单位时间内消耗的需要由
采暖设备提供的热量。这个指标主要用来衡量建筑围护结构热工性能的优劣。

（3）采暖度日数（HDD18）（cheating degree day based on 18℃）。一年中，当
某天室外日平均温度低于 18℃时，将低于 18℃的度数乘以 1d，并将此乘积累加。
一个地方的采暖度日数（HDD18）大致反映了该地气候的寒冷程度。

（4）空调度日数（CDD26）（cooling degree day based on 26℃）。一年中，当某
天室外日平均温度高于 26℃时，将高于 26℃的度数乘以 1d，并将此乘积累加。一
个地方的空调度日数（CDD26）大致反映了该地气候的炎热程度。

（5）热惰性指标（D）（index of thermal inertia）。热惰性指标 D 是表征围护结
构抵抗热流波和温度波在材料层中传播的一个无量纲数，其值等于各材料层热阻
与其蓄热系数的乘积之和，即 $D = \sum R \cdot S$，其中 R 为围护结构材料层的热阻；S
为对应材料层的蓄热系数。

8.2 节 能 设 计

车辆段为地面建筑，围护结构的热工性能应符合《公共建筑节能设计标准》的要求，且应执行 GB/T 50378—2019《绿色建筑评价标准》。同时结合采光、通风、照明，在保证建筑形象特征的同时减少太阳的热辐射，降低夏季太阳光对地下空间辐射热带来的内部空气处理负荷增大的负面影响。

8.2.1 降低建筑的采暖能耗

当采暖建筑的总得热量和总失热量达到平衡时，室温才得以保持。为此需要对前述引起采暖建筑失热量的因素采取应对措施，以降低采暖供热系统的耗能量，可供采取的节能途径主要有以下几点。

（1）充分利用太阳辐射得热。建筑中通过窗玻璃的太阳辐射所得热量与投射在玻璃表面的太阳辐射照度、室内外的温差、窗的传热系数以及太阳光线透过玻璃本体时的路径长度、玻璃的消光系数等因素有关，其中后两种因素主要取决于阳光对玻璃的入射角（与朝向、季节有关）、不同玻璃种类的光学特性（主要是消光系数和折射率）及玻璃的总厚度等。为充分利用太阳辐射得热，在节能建筑设计上必须从建筑的总体规划、建筑单体设计入手，处理好建筑的朝向、间距、体型，以保证建筑物在冬季获得的太阳辐射热最多、在夏季得到的太阳辐射热最少（如在北半球采用使建筑朝向处于南北向或接近南北向及合理设置遮阳、合理的体型设计等措施）。在朝向选择上还应注意避开冬季主导风向并利用夏季自然通风。在设计中还应对主要得热构件（如窗户、集热墙）的位置、尺寸、表面颜色及构造等结合地区冬夏气候特点统筹考虑，同时还要提高墙、地面的蓄热性能及夜间窗户的保温性能，以使节能建筑昼夜得益。

（2）选择合理的体形系数与平面形式。建筑物体型系数是指建筑物的外表面积和外表面积所包的体积之比。体形系数的大小对建筑能耗的影响非常显著。体形系数越小，单位建筑面积对应的外表面积越小，外围护结构的传热损失（或夏季得热）也越小，因此从降低采暖空调能耗的角度出发，希望将体形系数控制在一个较低的水平上。但是，体形系数的选择还要受其他多种因素的制约，如当地气候条件，冬季、夏季的太阳辐射照度、建筑造型、平面布局、建筑朝向、采光通风、外围护结构的构造形式和局部的风环境状态等。体形系数限制过小，将严重制约建筑师的创造性，造成建筑造型呆板，平面布局困难，甚至有损建筑功能。因此在确定体形系数的限值时必须通盘考虑，既要权衡冬季得热、失热与夏季昼间减少得热、夜间增大散热的矛盾，以及采暖节能与照明耗能的矛盾，又要处理好与建筑功能和建筑造型设计中的矛盾，优化组合，综合考虑以上各种影响因素才能最终确定体形系数。

（3）提高围护结构的保温性能。提高围护结构的保温性能主要应控制围护结构，包括屋顶、外墙（包括非透明幕墙）、外窗（包括透明幕墙、天窗）、外门，底面接触室外空气的架空或外挑板，分隔采暖与非采暖空间的隔墙、楼板、地面（含周边地面和非周边地面）等部位的传热系数在标准规定的限值以内，还应使窗按朝向符合相关节能标准要求的窗墙面积比限值。对围护结构特殊部位也应加强保温，以防室内热量直接从这些部位散失并防止表面冷凝。

（4）提高门窗的气密性，减少冷风渗透。冷风渗透主要指空气通过围护结构的缝隙，如门、窗缝等处的无组织渗透。门窗缝隙的空气渗透耗热量和门窗扇与门窗框之间、门窗框与墙之间以及玻璃与窗框之间接缝的长短与宽窄有直接关系，特别是和门窗开启缝的长短及闭合时的密封程度有关，因此应采取措施提高外门窗的气密性，使之达到标准规定的限值要求。在寒冷地区的冬季，居住建筑和公共建筑的外门由于使用需要，需频繁开启，这将会导致室外冷空气大量涌入室内，因此应设置门斗或采取其他减少冷风渗透的措施；夏热冬冷地区的外门也应综合考虑采取保温隔热节能措施。另外，在注意加强门窗气密性的同时也应采取措施保证室内卫生所需的换气次数。

（5）使房间具有与使用性质相适应的热特性。房间的热特性应适合其使用性质。对全天使用的房间应具有较大的热稳定性，如住宅、医院病房、旅馆等，其房间围护结构的内表面材料应选用蓄热系数较大的材料。而对于只有白天（或白天和傍晚）使用的建筑物（如办公、商场等）或只有一段时间使用的房间（如影剧院观众厅、体育馆比赛大厅等），其内表面材料应选用蓄热系数较小的材料，以使围护结构具有较好的温度随动性。当采暖设备启动后，在供热量一定的情况下，可在较短时间内达到室温设定值，而不是消耗过多的热量来加热围护结构的内侧材料。

（6）改善采暖系统的设计和运行管理有以下措施：因地制宜地选用适合本地区的、能效比高的采暖系统和合理的运行制式；加强供热管路的保温，加强热网供热的调控能力；合理利用可再生能源（如利用太阳能集热供暖、供热水；结合地区气候特点，冬夏合理利用地源热泵技术进行空调采暖）。

（7）对采暖排风系统能量进行回收（如采用各种类型的热能回收装置）。

8.2.2 降低建筑的制冷能耗

减少建筑空调耗冷量的方式，按照机理主要可分为以下两种：①减少得热，例如通过对夏季室外"热岛"效应的有效控制，改善建筑物周边的微气候环境；或对太阳辐射（直接或间接）得热采取控制措施。②可通过蓄能技术调节得热模式，如可结合地区气候特点采用热惰性指标 D 值较大的重型（或外保温）围护结构，白天蓄热（或减少得热），延迟围护结构内表面最高温度出现的时间至深夜间，并削减其谐波幅值，此时，室外空气温度已降低，可直接通过自然通风或强制通风等手段将室内热量排至室外并蓄存室外冷量，从而达到降低建筑耗冷量的目的，其中还可包括采取间歇自然通风、通风墙（屋顶）、蒸发冷却、辐射制冷等手段。

可供采取的节能途径主要有以下几种。

（1）减弱室外热作用。①应合理地选择建筑物的朝向、间距、体型及进行建筑群的布局，减少日晒面积。②应将建筑物的朝向选择为当地的最佳朝向或接近最佳朝向，力求避免使建筑物主要房间、透明材料围蔽的空间（如中庭、玻璃幕墙）受到水平、东及西向日晒。③绿化周围环境（含地面、屋顶水平绿化及墙面垂直绿化等），适当布置水景，以改善室外微气候环境并减弱长波辐射。

（2）对围护结构外表面应采用浅色装饰以减少对太阳辐射热的吸收系数（但应注意，不要引起反射眩光），以降低室外综合温度。

（3）对外围护结构要进行隔热和散热处理，特别是对屋顶和外墙要进行隔热和散热处理，使之达到节能标准规定的限值要求。应尽量使围护结构具有白天隔热好、夜间散热快的特点，以配合夜间（特别是深夜间）自然通风状况下的使用。通风屋面和通风墙是被广泛采用并被实践证明是行之有效的隔热方式，应结合地区气候特点灵活采用。

（4）合理组织房间的自然通风。对于高于室外空气温湿度的室内热、湿源，自然通风是排除其余热、余湿，改善室内热环境的有效措施之一。另外，应门窗紧闭，使用空调（设置可控流量的通风器）来通风换气，待夜间（或深夜）室外气温降低后打开门窗，间歇通风的方式有利于降低室温和节能。合理组织自然通风包括使房间进风口尽量接近当地夏季主导风向，建筑群的总体规划、建筑的单体设计方案和门窗的设置应有利于自然通风；同时还应设计好通风口、墙及屋面等的构造，并利用园林、绿化、水面及地理环境组织自然通风。

（5）选择合适的窗墙面积比，设置（窗口屋顶和西、东墙面）遮阳。按地区气候特点及窗口朝向选择符合相关节能标准要求的窗墙面积比，并决定是否需设置不同形式的窗口遮阳或选用合适的热反射、低辐射率（Low-E）玻璃、太阳能控制（Sun-E）低辐射玻璃及反射阳光镀膜，以遮挡直射阳光进入室内，减少室内墙面、地面和人体对太阳辐射热的吸收。宜根据地区气候特点决定选用活动式或固定式外遮阳系统。在屋顶或西（东）墙的外侧设置遮阳设施，可以降低其室外综合温度。在建筑设计中宜结合外廊、阳台、挑檐等构件的设计来达到遮阳的目的。屋顶、墙面、阳台及露台等部位的绿化也可起到遮阳并改善室外微气候的作用。应采用适应地区气候特点的节能型透明幕墙和非透明幕墙构造。

（6）夏热冬冷的外门，也应采取保温隔热节能措施（如设置双层门、低辐射中空玻璃门，门内侧或外侧设置活动门帘及设置风幕等）。

（7）在夏热冬冷及夏热冬暖地区，当空调系统间歇运行时，或者是利用夜间自然通风降温并蓄存室外冷量时，应做具体的技术、经济分析，并与冬季统筹考虑，以使房间和围护结构具有与使用性质相适应的热工特性。

（8）合理利用自然能源和可再生能源。如可选择利用建筑外表面的长波辐射、被动式蒸发冷却、太阳能空调、地源（空气源）热泵空调、采用温湿度独立控制的地源热泵与地板辐射供冷系统的组合及被动式太阳能降温等技术措施。

（9）尽量减少室内余热。如在公共和居住建筑中，室内余热主要是建筑设备、室内照明及家用电器的散热，应选用节能型设备、照明灯具和家用电器，不但消耗电能少，向室内的散热量也较少。在白天，应尽量利用侧窗、天窗及中庭进行天然采光（应采取遮阳和隔热措施），减少人工照明的时间，这不但节约了照明用电，也直接降低了空调负荷，可谓一举两得。

（10）选用能效比高的空调制冷系统，并使其高效运行。室内热环境质量的指标体系包括温度、湿度、风速、壁面温度等多项指标。在室内热环境的诸多指标中，最起作用的是温度指标，换气指标则是从人体卫生角度考虑必不可少的指标，所以只对空气温度和换气次数做了控制。

（11）建筑通过采用增强建筑围护结构保温隔热性能和提高采暖、空调设备能效比的节能措施，在保证相同的室内热环境指标的前提下，与未采取节能措施前相比，采暖、空调能耗应节约 50%。实施建筑节能虽然可以节省建筑的采暖、空调运行费用，也增加了建筑的造价。因此在确定节能目标和提出具体措施时要综合考虑两方面的因素。各地要根据当地的实际情况，采取经济合理的技术措施，在保证达到节能目标的同时，尽可能地降低建筑造价。

建筑和建筑热工节能设计应遵循以下原则：

（1）建筑群的规划布置、建筑物的平面布置应有利于自然通风，建筑物的朝向宜采用南北向或接近南北向。

（2）条式建筑物的体型系数不应超过 0.35，点式建筑物的体型系数不应超过 0.40。体型系数越小，单位建筑面积对应的外表面积越小，外围护结构的传热损失越小，从降低建筑能耗的角度出发，应该将体型系数控制在一个较低的水平上。

但是，体型系数不只是影响外围护结构的传热损失，它还与建筑造型、平面布局、采光通风等紧密相关，因此权衡利弊，兼顾不同类型的建筑造型，将条式建筑的体型系数定在 0.35，点式建筑定在 0.40。

（3）外窗（包括阳台门的透明部分）的面积不应过大。不同朝向、不同窗墙面积比的外窗，其传热系数应符合规定。

（4）多层住宅外窗宜采用平开窗，外窗宜设置活动外遮阳。

（5）建筑物 1~6 层的外窗及阳台门的气密性等级，不应低于现行国家标准《建筑外窗空气渗透性能分级及其检测方法》（GB7107）规定的Ⅲ级；7 层及 7 层以上的外窗及阳台门的气密性等级，不应低于该标准规定的Ⅱ级。

具体到轨道交通车辆基地建筑的设计，可采取以下节能措施：

1. 建筑物墙体、屋面和门窗节能技术

（1）推广采用高效保温材料复合的外墙和屋面，特别是外保温外墙和倒置屋面。发展以粘贴、钉挂、喷抹和浇入方法复合的多种外墙外保温技术，特别是工业化方法建造技术。在寒冷地区限制并逐步淘汰内保温技术。研究保温墙体防火、防潮、防裂技术。

（2）研究和发展绿化遮阳、通风散热、反射隔热、相变蓄热技术。完善倒置屋面、架空屋面、种植屋面与反射屋面等技术。

（3）发展节能窗技术，控制窗墙面积比，改善窗户的传热系数和遮阳系数。研发玻璃节能技术，推广采用中空玻璃，提倡充入惰性气体，推广低辐射率（Low-E）玻璃、低导热率的间隔条。推广断桥、复合、加设空腔等技术，降低窗框的传热。严格窗框与窗扇、窗框与墙体间的密封。

（4）限制玻璃幕墙能耗，提高玻璃幕墙节能要求，发展双层通风遮阳式幕墙。

（5）推广能耗较低的高效保温建筑材料和制品，研发相关储能材料和薄膜型热反射材料在建筑中的应用。

2. 采暖和空调节能技术

（1）发展以集中供热为主导、多种方式相结合的城镇供热采暖节能技术。

（2）应结合气象条件、负荷特性、系统规模等进行综合分析，发展高效空调系统技术。冷水机组的台数及制冷量的选择，应适应初、近、远期车辆基地的全年负荷变化规律，并满足季节及部分负荷下高效运行；空调水系统循环水泵及管网应根据系统负荷率的动态变化，采用变流量运行措施，考虑冷冻水泵、冷却水泵、冷却塔的变速调节；在技术可靠、经济合理的前提下，加大冷冻水供回水温差；在部分负荷工况下，提高冷冻水出水温度、降低冷却水进水温度。建立与空调工艺匹配的控制系统，实现设备的开关控制、逻辑控制、切换运行等，能动态调节空调系统的运行参数，实现空调系统整体能效最优。

（3）研发各种空气热回收技术与装置，尽可能回收排风热、冷量，如转轮式全热交换器、纸质全热交换器、热管式显热换热器、空气—空气换热器和溶液式全热回收器等。提倡充分利用室外空气的自然冷却能力转移建筑物内热量，如过渡季利用冷却塔换热方式。

（4）发展地热源、水源、空气源热泵技术和污水源热泵技术。提倡蓄冷、蓄热空调，尽量利用电网低谷负荷。发展燃气空调。一般情况下不应采用电直接采暖方式。发展太阳能供热水、采暖制冷技术。研发太阳能利用设备与建筑一体化技术。

（5）实行采暖分户计量、按用热量收费的原则。

3. 采光和通风节能技术

（1）发展利用自然光技术。

（2）在车辆基地用房，尤其是检修、运用设施用房，应充分利用自然通风技术，合理组织室内气流路径，利用穿堂风，或设置避风天窗、风帽等。当自然通风效果有限时，可以辅以局部机械通风（如工业吊扇、摇头风扇）、蒸发冷却通风、风扇加喷雾、诱导通风等方式。

4. 外墙保温技术

建筑物围护结构的主要组成材料有主体材料、保温隔热材料、饰面材料三大类。在进行节能建筑设计时，需要考虑结构的安全性、传热性能、热惰性及经济性，即根据建筑结构形式、当地建筑材料的供应状况、当地建筑节能标准设计要求等因素选择适宜的建筑材料和构造方法。其中传热系数和热惰性指标是与建筑节能直接相关的两个关键技术指标。

这里的建筑材料严格意义上是指墙体材料，下面说的建筑材料也是这个意思。在上述的三种材料中，主体材料主要是指承重结构的材料如砌块、混凝土、钢结构等，变化不大，种类也少；饰面材料是建筑材料中发展最快的，其更新换代也快，但是对建筑节能的影响不大，因此一般不考虑它们的节能性能（这里的建筑节能性能主要考虑的是热传导，市场上带有保温性能的防辐射涂料是隔太阳辐射热的，另外考虑）；保温隔热材料是建筑节能设计中的重点考虑内容，也是近几年国家重点倡导发展的材料。

20 世纪 90 年代初，外墙保温技术开始在我国推广使用并表现出良好的保温和节能效果。其主要方法是在建筑物基层墙体的外侧设置保温层（一般为厚 60 mm 的聚苯泡沫板），在保温层外面作装饰层。基层墙体和聚苯泡沫板之间用专用黏接剂连接，聚苯泡沫板用尼龙锚栓固定，然后在保温层外抹聚合物水泥砂浆保护层，并压入耐碱涂塑玻纤网格布，最外层用抗裂腻子和涂料找平及装饰。

在车辆基地建筑物的设计中，需考虑以下问题：

（1）严格实施建筑物节能设计标准。按照建筑物用途和所处气候、区域的不同，做好建筑物采暖、通风、空调及采光照明系统的节能设计；完善建筑物节能设计标准，建立建筑物节能评价体系。

（2）开发、完善符合我国国情与节能标准要求、适用于各种建筑物的用能模拟软件与节能设计计算、审核软件。发展建筑物用能检测和智能控制技术与设备。

（3）发展建筑物节能标准化，完善建筑物节能标准系列。制定并不断更新建筑物节能设计标准、建筑物节能改造标准、施工安装验收标准、采暖空调照明系统运行标准、建筑物节能产品标准，以及有关热工性能及能耗检测方法标准，并编制配套的节能设计标准图集。

8.3 节 能 效 果

8.3.1 合理布局的节能效果

（1）总体布局符合城市规划、环境保护和城市景观的要求，合理利用资源，减少浪费。车辆基地各库线布置紧凑，进路顺畅；运用库采用尽端式布置，工艺流程较为顺畅，调车作业较方便，工程车停放线进出场方便快捷；轮线为尽头式，作业较顺畅；厂前区交通方便，视野开阔，段内道路呈环状布置，主要生产办公房屋周围均设有环形道路，能满足生产、生活和消防要求。

（2）主变电站的设置在满足供电可靠性的基础上，尽量靠近负荷中心，并邻近轨道交通的线路布置，使得城市中压网络的线路压降及线路损耗降低。

8.3.2 车辆冲洗和检修废水循环利用节能效果

工程车辆冲洗和检修废水全部经沉淀、消毒等处理，循环利用率可以达到70%。根据工艺文件可知，按车体外皮清洗每2天1次，以每列车总耗水量2t，车辆基地远期停放配属车32列列车计算，全年节水量可达0.82万t。

8.3.3 采用节能建筑的节能效果

1. 生活用（热）水制备及中水回用措施评价

车辆基地生活用水量如下：工作人员用水量按每人每班50L计；工作人员淋

浴用水量按每人每班 60L 计；食堂用水量按每人每班 20L 计。其中热水需求比例较大，不同加热方式的能耗比较见表 8-2，从表 8-2 可以看出，采用太阳能 + 电辅、热泵热水器或太阳能热泵热水加热装置比传统的电热、燃油锅炉或燃气锅炉既节能又环保。

表 8-2 不同加热方式下能耗比较

加热方式	电热水器	燃气锅炉	太阳能 + 电辅	热泵热水器	太阳能热泵热水器
能源种类	电	天然气	阳光 + 电	空气或水 + 电	阳光或空气 + 电
环保指数	环保不节能	污染不节能	环保节能	环保节能	环保节能
实际热值	3419.84 kJ/kWh	6450 kJ/m³	3419.84 kJ/kWh	16 199.2 kJ/kWh	16 199.2 kJ/kWh
燃料价格	0.95 元 /kWh	3.5 元 /m³	0.95 元 /kWh	0.95 元 /kWh	0.95 元 /kWh
年能源费用（元）	203 720.93	95 069.77	81 488.37	43 007.75	17 203.10
使用效果	采用直流式供热水，水温不稳定	采用直流式供热水，水温不稳定	热水水温不稳定，受天气影响	控温补水供热水	控温补水供热水
优点	不污染、占地少	投资多占地多	无污染安全环保	节约资源、稳定环保	节约资源、稳定环保
缺点	能耗高	能耗高、污染	阴雨天、夜晚热水不足、40% 电辅助加热	空气源热泵在 -5℃环境效果偏低	空气源热泵在 -5℃环境效果偏低，40% 电辅助加热

2. 雨水回用节能评价

雨水回用节能评价为充分利用水资源，车辆基地将海绵城市及雨水径流控制理念相结合，利用屋面的雨水系统，考虑雨水的收集及回用，雨水经处理达标后用于路面冲洗及冲厕等用途。

另外，还可考虑设置下凹式绿地，它是一种建设投入少同时又可收到较好效果的雨洪利用措施，具有节能、蓄渗雨水、消减洪峰流量、过滤水质、美化环境、防止水土流失等特点。结合下凹式绿地的设置，车辆基地还可考虑设置水景，使静水变为动水，使水也有了灵魂，以增加城市环境的生机，有益身心健康并能满足视觉艺术的需要。

3. 太阳光照明节能评价

在车辆基地等地面建筑中,采用自然光照明或太阳光照明系统具有如下优点:

(1)节能。可取代白天的电力照明,无能耗,一次性投资,无需维护,节约能源,创造效益。

(2)环保。照明光源为自然光线,采光柔和、均匀,光强可以根据需要实时调节,全频谱、无闪烁、无眩光、无污染,并可滤除有害辐射,最大限度地保护工作人员的身心健康。

(3)安全。采光系统无需配备电器设备和传导线路,避免了因线路老化引起的火灾隐患。

(4)健康。科学研究证明,自然光线照明具有更好的视觉效果和心理作用,并且有益于改善室内环境,增强人体健康。

光导照明系统通过室外采光装置收集室外的自然光并导入系统内部,再经特殊制作的光导管传输后,由安装与系统另一端的漫射装置把自然光均匀地发散到室内任何需要光线的地方。利用该系统得到的室内光线从黎明到黄昏,甚至是阴天都十分充足。

光导照明系统主要由采光罩、导光管及漫射器三个部分构成。适合于车辆基地维修运转楼地下车库、非上盖物业开发的运用库和检修库。光源来自室外的自然光线,这些场所可通过光导照明装置获得柔和、均匀的光照,而其照明强度也可根据室外阳光的变化进行智能化的调节。在阴雨天或室外光线不足的时候,电力照明系统会自动启动,使节能和照明达到最佳组合。同时光导照明系统的采光罩可以和建筑物屋面的构筑物、景观结合设置。安装光导管的采光井也可结合设备管道井布置,以节约成本和空间。

车辆基地内照明主要分办公场所照明、高大厂房照明和道路照明。其中建筑面积大且根据运营需求运行时间长的高大厂房照明占主要耗能,因此对厂房照明控制是车辆基地照明节能的重要手段。工程实践表明,智能照明控制系统对照明节能起到积极的作用,其节能控制主要有:分区控制、定时控制、照度控制、红外控制、调光控制、程序控制等。具体措施为:严格根据照明场所的功能、性质、环境区域亮度及表面装饰材料等,确定照度或亮度标准值。

4. 光伏发电节能评价

光伏发电是根据光生伏特效应,利用太阳电池将太阳光的光能直接转化为直流电能。太阳能光伏发电系统主要由光伏组件、控制/逆变器、交直流配电系统、监控系统等几部分组成。太阳能光伏系统发电具有如下特点:

(1)整个光伏系统主要由电子元器件构成,不涉及机械部件,也没有回转运动部件，运行没有噪声。

（2）没有燃烧过程，发电过程不需要燃料，没有废气污染，也没有废水排放，整个发电过程零排放，节能环保。

（3）运行起来性能可靠稳定，使用寿命很长，核心设备太阳电池组件的使用寿命可达 25 年以上。

（4）设备安装方便，环境条件适应性比较强，可以在不同环境下正常稳定工作，维护费用低。

（5）能够在长期无人值守的条件下正常稳定工作。

（6）根据需要很容易进行容量扩展，扩大发电规模。

我国是太阳能资源相当丰富的国家，如广州市年均日照时数为 1804.9h，其中一年中 7 月份日照时数最多（222.5h），3 月份日照时数最少（68.5h），年均太阳辐射值为 1255.28kWh/m²，因此建议在日照充足地区的车辆基地根据其建筑形式有选择地采用光伏发电节能技术。

广州轨道交通某停车场应用了光伏发电系统，在某区域塔楼屋顶设置光伏发电系统。工程实例见图 8-3。

图8-3　广州轨道交通某停车场光伏发电系统

光伏组件布置分两部分：一部分位于混凝土屋面，另一部分为架空花架结构。组件采用单晶硅 340W/P，电池效率不低于 19.6%，固定 18°倾角安装，安装组件432 块，装机总容量为 146kW。

光伏发电系统的组成分四级：光伏组件、逆变器、交流汇流箱和光伏并网柜。

光伏并网柜位于首层 400V 低压开关柜室，其余设备均安装于塔楼屋面。光伏发电的并网点为 400V 低压开关柜三级负荷母线上。系统采用在线托管云平台，通过 4G 通信实现智能在线监测，方便快捷监测光伏发电系统的发电量和故障点。项目并网运行 18 个月，累计发电量为 23.3 万 kWh。

第9章 信号与运营组织

9.1 节能原理

9.1.1 信号系统

在信号系统的设计中应当在保证行车安全的前提下，为缩短行车间隔、提高运输能力和服务质量，实现迅速、及时、准确的行车调度指挥和运输管理现代化，轨道交通需设置信号系统满足地铁行车组织和运营管理的需要，并为旅客提供舒适、快捷、现代化运输服务。在城市轨道交通中信号系统应采用自动控制（automatic train control，ATC）系统，该系统包括列车自动监控（automatic train supervision，ATS）子系统、列车自动防护保护（automatic train protection，ATP）子系统、列车自动驾驶（automatic train operation，ATO）子系统和计算机连锁子系统四个子系统。

信号系统是列车运行的神经中枢，直接关系乘客的生命安全及列车的高效运行。列车自动控制（ATC）系统通过下面的四个子系统完成对列车调度运营安全、高效控制。列车自动监控（ATS）子系统实现对列车运行的监督，负责运行列车的道岔自动运转，排列进路，根据列车运行计划与实际客流等情况合理地调度列车，选定并维护运行图，自动或人工调整停站或区间运行时间，并向列车提供由控制中心传来的监督命令。列车自动防护（ATP）子系统负责列车间的安全间隔、超速防护及车门控制，主要包括轨道旁设备，锁联设备、车载设备等，ATP 地面设备以一定间隔或连续地向列车传递信息，车载 ATP 根据地面传递的信息进行计算，提供控制信息，使列车在限制速度下运行，并且在 ATP 检测通过的情况列车车门才可操作打开。列车自动驾驶（ATO）子系统负责自动调整列车车速，形成平滑控制牵引力和制动力的指令、引导列车运行、在一定精度范围内对位停车等。ATO 设备主要包括控制器，接受发送天线、标志线圈等。ATO 有利于列车节能并提高旅客乘坐的舒适度和减轻司机的劳动强度。该子系统包括自动驾驶、自动调速、自动停车、定点停车、车门控制等。计算机连锁子系统主要负责采集轨旁信号机、道岔等设备的状态信息，计算出列车进路，保障列车运行安全，实现轨旁各个设备之间的制约关系。

地铁列车频繁的加速与制动会带来大量的电能损耗，因此信号 ATO 系统与 ATS 系统和 ATP 系统应当相互配合，实现牵引、惰行、制动的频度控制，达到节能控制的目的；为了充分利用再生制动能量，ATS 系统应当统筹控制同一个牵引供电分区内列车的运行。ATS 的列车运行调整功能与 ATO 节能运行等级相结合，充分考虑结合线路平纵断面、列车运行的加速、惰行、制动工况，可以达到列车在 ATO 运行模式下的节能，实现同一供电分区内多列车牵引电能均衡和全线列车的节能运转。

9.1.2　运营组织

地铁作为当前人们出行的重要工具，其客运量的多少以及运营时间的长短直接决定了列车能耗，同时也会对地铁车站的能耗造成一定程度的影响。因此根据客流量对地铁列车的运营进行合理地安排，设置合理的时刻表，统筹安排车站内设备的开放，将会为城市轨道交通的运营减少大量的能源消耗。

1. 行车组织概念

城市轨道交通的线路是地铁运营的基础设施，一条运营线路的规划设计是否合理，对运营后的行车组织起着决定性的作用，根据地铁线路在运营行车组织中的作用，一般分为正线、辅助线和出入段（场）线。

（1）正线。正线是指运营线路中载客列车运营的贯通线路，正线一般为双线，列车运行采用双线单向右侧行车，根据运行方向分为上行、下行。

（2）辅助线。辅助线是为保证正线正常运营而设置的联通上行、下行正线的线路，一般包括折返线、渡线、存车线、联络线、出入段（场）线、安全线等。

1）折返线：一般在线路两端的终点站，或者在准备开行折返列车的中间车站设置，专门用于列车折返掉头使用的线路，折返线示意如图 9-1 所示。

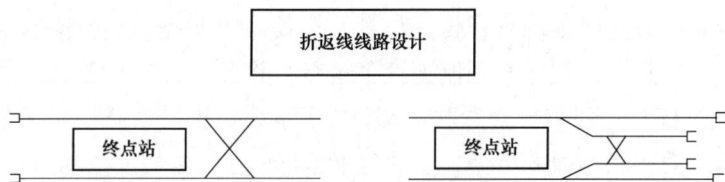

图9-1　折返线示意图

2）渡线：利用一段线路和道岔，将上行线、下行线或折返线连接起来的线路，充分利用渡线，可以灵活地将上行线的列车转线至下行线，或者反之。

（3）出入段（场）线。该类线路是车辆基地设置的专用线路，用于场区内作业和停放列车的线路，根据类型及作用不同，一般分为停车列检线、周（年）检线、大修线、试车线、洗车线、镟轮线、牵出线、掉头线等。

结合以上线路的分类，列车故障时应尽快退出正线避免堵塞线路，同时故障车应停放于折返线、存车线、出入段（场）线，也可以利用渡线将列车转线至另一条合适的线路内，由车辆专业人员进行检修维护。

2. 运输计划

地铁的运输计划是地铁运营组织和管理的基础，也是地铁行车组织的基础。一般从两个方面理解运输计划：① 从社会效益看，城市轨道交通系统应充分发挥客运量大、出行高效的特点，为城市内乘客提供安全、准点的出行。② 从企业经济效益看，地铁的运营应尽量实现高效率、低成本。为了实现上述两个目标，地铁的运营组织就必须以运输计划为基础，合理调度指挥列车运行，从而达到高效低耗。

（1）运营时刻表。 地铁的各次列车在正线运营时，并不是没有规律和要求的，而制订列车运行次序、维持正线运营列车秩序的正式运营时刻表，它是列车在车站（车辆基地）出发、到达（或通过）及折返时刻的集合。运营时刻表都会详细规定了在一个时刻表运作周期内（一般情况为一个正常日），各次列车每日从车辆基地发车时间、正线各站到达和出发时间、在区间运行时间、在车站停站时间、折返时间、各不同峰期（高峰、平峰、低峰）时间以及运营结束后各次列车回车辆基地的时间。这些时间均精确到秒，从而保证各次列车在正线运营时的准点和效率。

运营时刻表是行车组织工作的基础，是地铁运营企业日常工作的一个基础综合性计划。它不仅仅针对正线的行车组织工作，更是要求企业内其他岗位、工种均需要围绕它来组织开展相关工作，如列车车辆的维护部门需要根据运营时刻表的要求，制订每列车的检修时间和派出时间；司乘部门需要根据运营时刻表的计划，安排好司乘人员的工作及作息计划；车站需要根据它的要求组织本站的行车组织和客运组织工作，确保开站及关站时间无误、高峰期做好车站客流组织；设备设施维护维修部门也要根据它的相关要求来做好设备设施的施工以及日常检修维护计划等。可以说，运营时刻表是整个地铁运营企业最核心的计划，相关工作均需要围绕它来开展。

（2）列车运行图。列车运行图是利用坐标原理，将运营时刻表中的相关数据用点、线、网的形式来表示列车运行的时间与空间关系。列车运行是一个很复杂的过程，而列车运行图是组织列车运行的基础，它规定了各次列车占用同一区间的顺序、在某一车站到达和出发时间点、前后列车运行间隔等，为保证城市轨道交通企业各生产部门的相互配合和协调上起到了重要的组织作用。

运营时刻表和列车运行图相辅相成，只有在充分考虑地铁运输系统能提供的运营设备能力基础上，再根据各个各期客流量、各个时段断面客流量的规律，制订经济合理的运营时刻表和列车运行图，使运能与运量充分匹配，才能在满足乘客出行需求的基础上，最大限度地降低企业运营成本，获得较好的经济收益。

3. 行车组织方式

行车组织规则是地铁运营中的技术设备、行车组织、列车运行、设备检修施工等有关规定的总则；是地铁运营管理、行车组织的指导性规则。它从一条运营线路的技术设备入手，对行车组织、列车运行、设备检修施工、非正常情况下的行车组织、调车作业、信号显示等进行了规范性要求，从而保证行车作业安全，保证乘客出行安全。任何行车作业，都必须满足该规则的要求。

（1）列车折返方式。列车通过进路改变、道岔的转换，经过车站的调车进路由一条线路运行至另一条线路的方式称为列车折返，具有列车折返能力的车站称为折返站。根据折返线布置的不同，列车折返一般分为站前折返、站后折返两种方式。① 站前折返方式。站前折返方式是指列车在中间站或终点站利用站前渡线进行的折返作业。列车折返的过程中会占用区间线路，从而影响后续列车的闭塞，因此对行车安全保障要求较高。② 站后折返方式。站后折返方式是指列车在中间站、终点站利用站后折返线进行折返作业。

（2）列车运行交路。列车运行交路是列车运行的方式，地铁线路配线特点是站线少甚至没有侧线，但地铁线路又具有交通线路较长、客流分布不均的特点，根据这些可以将列车运行交路分为大交路、小交路和大小混合交路。通过合理、可行的交路组合，充分安排列车的运输能力是充分利用有限资源、降低运输成本的有效手段。① 大交路是指列车在全线各站之间运行，为全线提供运输服务，列车在线路两端终点站进行折返；具有行车组织运行方式简单的优点，但对于全线客流不均的情况、合理利用运能方面有所欠缺。② 小交路是指列车在某一区段或某几站站间运行，利用存车线或者渡线线路进行折返，为某一区段的乘客提供出行服务，满足某一高峰期几站之间断面客流量大的需求；往往用于故障恢复期，调整列车运行时使用，或者应急情况下段时间使用，对乘客服务会造成一定影响。③大小混合交路是指线路中既有大交路列车运行，也有小交路列车运行的情况。这是城市轨道交通正在探索推进的交路形式，根据线路客流分布情况，制订大小混合交路，具有经济效益高、集中驳运乘客量大的特点，但这种行车组织方式较为复杂，对行车技术人员要求较高，同时对客运服务水平要求也较高。

4. 运营组织对列车能耗的影响

地铁列车运营中的客流量越大，列车开行的列次就会越多，列车的电能消耗也会随之增大；当地铁列车的满载率发生变化时会造成车载照明和空调负荷的改变，从而造成列车电能消耗的变化。根据数据统计表明，当客运量增加到 30% 时，列车的牵引能耗将会增加约 5.7%。根据乘客密度，合理安排列车列次可以减少列车的电力消耗。

在城市轨道交通运营中，列车的车辆编组也会影响列车的电能消耗，这种影响通过不同编组的列车质量表现出来，编组越大，列车运力越强，但是造成的电能消耗也同样会增大，因此要充分考虑早晚高峰和客流密度，采用合理的列车运行编组不仅可以提升乘客的乘坐舒适感，还可以减少电能消耗。

城市轨道交通列车在运行时由于站间距、乘客上下车等一系列原因会频繁地启动和制动，在这个过程中会造成大量不必要的电能消耗。在线路确定的条件下，列车停站次数越多，平均的停站时间相对越小，列车的电能消耗越大。因此在城市轨道交通运营时，根据实际情况合理制定停车方案，合理地增加列车停站间距、减少停车次数，将会很好地降低能源消耗。

5. 客流量对车站能耗的影响

在城市轨道交通的运营中，客流量的大小是影响车站能耗的一个重要因素。当进出车站的客流量增大时，为了满足服务要求，车站内的自动售票机、闸机、安检设备等开启的数量都会相应地增加，那么相应的能耗也会增大。当客流量增大时，车站内的温度也会随着升高、空气质量也会下降，此时车站内的通风空调系统运行能耗将会提升。

9.2 节 能 设 计

9.2.1 采用低耗能信号设备

信号系统按所在区域可划分为车站与轨旁设备（设备集中站）、车辆基地设备等，因此信号耗能设备也主要位于上述区域。

大部分信号设备长期处于 24h 不间断运行状态，通过采用微电子设备及其他等新技术设备，可以实现设备节能。在信号系统设备招标阶段，在满足功能需求的前提下尽可能选择符合《服务器节能产品认证技术规范》（CQC 3135—2011）和《计算机节能认证技术规范》（CQC 3114—2015）等标准规范要求的产品。

9.2.2　优化列车的运行控制

通过 ATC 自动控制的列车与牵引供电系统的耗能有着直接关系，列车按照 ATC 系统提供的优化后的速度—距离曲线运行，可以减少牵引能耗，即列车运行方式控制的节能。

1. 列车运行方式控制的节能设计

在 ATS 模式下编制运行图时，以平峰时段区间运行速度—距离曲线为参照。在高峰时段，列车运行晚点或赶点时让列车处于启动加速度和巡航速度都偏高的速度—距离曲线模式运行；在低峰时段，列车采用较低的速度—距离曲线运行。在考虑线路敷设的不同以及兼顾列车速度与节能的前提下，地铁列车运行策略应当是：列车在牵引阶段，按照最大的牵引加速度运行；列车制动时，按照最大的制动力制动；中间过程一般采用惰行和牵引（中途产生 1~2 次的制动）相结合的运行策略。

2. ATO 模式下运行的节能设计

ATO 系统在列车控制中充分利用节能坡条件，设置可行的节能运行模式。同时，将列车运行调整功能与 ATO 节能运行模式结合起来，可使列车按设定的速度—距离曲线运行。

3. 运营组织节能设计

（1）采用分段交路。城市轨道交通运营时，应当根据客流量的大小对不同线段进行合理配车，采用分段交路就是在两个交路上独立配车。城郊地段线路配车按照城郊客流量，城市中心配车按照城市中心客流量进行配车。这样，不但城市中心的运输能力不受影响，而且市郊地区的服务水平大大提升，提高了运行效率，避免了单一交路时出现列车空跑的浪费现象。

（2）采用不同编组。我国城市的发展还处在增长阶段，因此城市轨道交通的客流量表现为初期、近期小，远期大的特点，城市轨道交通的列车编组应随着客运量的增长逐渐扩编。在城市轨道交通运营的初期、近期客流量少时，适合采用 4 辆编组，这样可以避免过多编组导致的成本浪费，避免出现空车以及不必要的电能消耗。之后随着客流量逐渐增长，逐步将列车编组扩大到 6 辆甚至 8 辆，也可以根据实际情况将 4 编组列车和 6 编组列车进行混合使用以满足不同时段、不同时期的客流量需求。根据城市人口密度的不同，城市郊区客流量较少则可以采用小编组列车，提高行车速度缩短时间间隔；城市中心则可以根据客流量大小和发车间隔采用适合的编组。

（3）设置快慢车。快慢车运营组织模式指的是一条地铁线路中运行着两种及以上运行模式的列车，不同的运行模式由于列车运行速度和停站方案的不同而表现出来在旅行时间上的差异，一般可分为快车和慢车。其中大站停列车即"快车"，仅在沿途客流较大或者比较重要的车站停车，从而达到节省启停时间，减少电能消耗的目的。传统站站停模式即"慢车"，则停靠站点较多或者停靠所有站点。节假日时期，一些客流量密度会陡然增大的车站，在运营组织时"快""慢"车辆都应该经停该站。合理利用快慢车运营模式，并设置好快慢车发车间隔以及各自的停站时间，不仅可以提升服务质量、减少乘客的出行时间，还可以较大减少列车的电能消耗，达到列车节能的目的。

9.2.3　优化站内设备的运行控制

在城市轨道交通运营时，不同时期（如节假日与工作日），甚至一天内的不同时刻（如早晚高峰），车站内的客流量都会有很大的差异。若车站内的安检、自动售票机、闸机、通风空调等设备一直保持全天满负荷运行，将会导致大量的能源浪费。因此不同的车站应当根据自身的客流量变化规律合理安排站内设备的开启和关闭，在客流量较少的时间段适当关闭一些不必要的设备，客流量较大的时间段再将车站内设备增加开启或者全部开启。

9.3　节　能　效　果

9.3.1　列车运行方式节能效果

采用列车在牵引阶段，按照最大的牵引加速度运行；列车制动时，按照最大的制动力制动；中间过程采用惰性和牵引相结合。以 6 车编组列车为例，根据现有城市轨道线路测算，如果两站间列车一次制动，列车平均每两站间的运行能耗将减少 10%，可以节省的能耗为 14.4 kWh，按照每年 365d、每列车的运营时间为 350d，则 1 年可以节省的能耗为 5040kWh；如果中途两次制动，优化后列车平均每两站间的运行能耗将减少 25%，取保守值 20% 计算，则 1 年可以节省的能耗为 10 080kWh。

9.3.2　ATO 模式下运行的节能效果

在有条件的情况下，线路专业都采用节能坡设计。信号系统要充分利用节能坡设计的有利条件，设计可行的列车 ATO 节能运行模式。同时，将列车运行调整功能与节省牵引能耗的 ATO 驾驶模式结合，可实现列车在区间的运行能以秒级精度调整，实现每一条列车牵引曲线能耗都是该运行时间下的最低能耗。

9.3.3 信号设备本身的节能效果

大部分信号设备长期处于 24h 不间断运行状态，通过采用微电子设备及其他新技术设备的运用，可实现设备节能。采用 LED 信号机代替白炽色灯信号机，在节能方面，传统信号灯泡耗电量约为 25W，而 LED 发光盘的耗电量约为 10W，还不到信号灯泡的 1/2，每架信号机可节能 60%，在长期运行情况下，可实现明显的节能效果。

9.3.4 运营组织节能效果

（1）快慢车节能效果。我国很多的城市轨道交通系统根据自身的客流密度都合理设置了快慢车的运营模式，在该模式下乘客的总出行时间平均降低了 4.1%，企业成本节省可达 6.5%。在节能方面，在合理设置了快慢车的停站与发车时间后，快慢车模式相较于传统模式可以提升再生能源利用率约 6.15%，总体能耗相较传统模式会降低约 1.88%。

（2）列车编组节能效果。根据城市轨道交通初期、近期、远期的客流量以及单日不同时间、一年中不同时段的客流密度合理安排列车编组，不仅可以降低乘客的出行时间，提升服务质量，还可以降低城市轨道公司的运营成本，做到节能减排绿色交通出行。根据现有线路的实践，合理灵活设置列车编组可以减少列车牵引电能消耗约 40%。

第10章 机 电 系 统

10.1 节 能 原 理

在城市轨道交通中除了牵引供电的耗能，其他机电设备耗能也占据了极大的比重，因此在城市轨道交通建设中对机电设备节能进行研究也势在必行。城市轨道交通机电设备耗能，主要集中在空调通风、自动扶梯、车站照明、安检、自动售票、屏蔽门等设备。本章将从轨道交通机电设备节能方面进行研究，分析设备耗能状况，并提出有效缓解措施，以减少资源浪费。

10.1.1　通风空调系统节能原理

地铁通风空调系统分为风系统及水系统两部分，水系统冷源产生的冷量经管路传输到达风系统空调器后，与空气发生热交换将空气冷却，再由风机送入站内空间。通风空调系统的基本组成如图10-1所示。

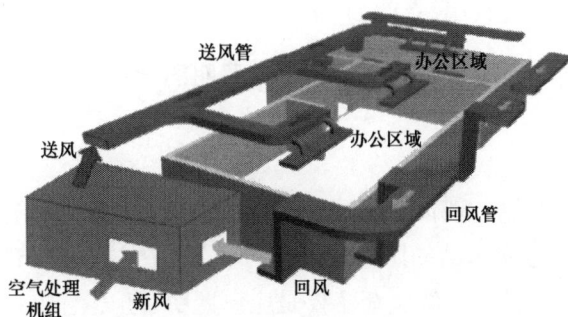

图10-1　通风空调系统的基本组成

风系统设备包括组合式空调机组和回排风机，需全年运行，使用时间较长，总用电量约占到整个车站通风空调系统的45%；水系统设备包括冷水机组、冷冻水泵、冷却水泵、冷却塔，其设备总容量大，总用电量占整个地铁车站通风空调系统的55%。地铁内部空气环境范围包括地下车站（站厅、站台、设备与管理用房、出入口通道、换乘通道）、区间隧道（正线隧道、渡线、折返线、停车线、尽端线隧道等）。研究表明，列车在通过区间隧道的过程中，区间隧道风速变化范围一般在 2～10m/s。当列车在半自由空间上运行时，其前方空气可不受阻挡地被排挤到列车的两侧及上方，继而绕流到列车后面；列车尾部在驶离后形成一段"空穴"，由车尾周围的空气就近补充。在隧道内运行时，由于受隧道壁的限制，列车前端所排挤开的空气不能全绕流到车后，相当一部分被推向前方；而车尾部的"空穴"也不能由尾部附近的空气及时补充，因此形成比在半自由空间行驶时更大的尾部负压，进而吸引远处的空气补充流入，也就形成了活塞风。可以利用这个原理来对隧道进行通风或降温。经研究表明，活塞风道的长度大于 60m 后，活塞风对隧道的冷却效果很差；当活塞风的长度在 35～42m 时，活塞风对隧道的冷却效果较好，能够达到 50%。因此列车在隧道中的活塞效应，可用于隧道内空气的对流与降温。在合理的区间内设置合适的通风活塞与通风隧道，不仅可以减少列车运行时的风阻，还可以有效减少屏蔽门在开关时所产生的空气交换。根据车站公共区域内二氧化碳浓度，计算所需风量，进而调节新风机运行频率（变频条件下）以保证站内的空气清新，二氧化碳浓度不应高于 1.5%，同时为使温度符合节能要求和保持最佳体感，站内温度建议保持在 27～30℃。在列车停靠时屏蔽门的开关会造成隧道内的空气与站内的空气产生交换，有实验表明，屏蔽门开启后，漏风量大约为每秒 25m³，从而增加了空调的耗能，因此可以减少屏蔽门开启的频率，以此来减少隧道空气与站内空气的交换。这就需要合理的时刻表，以及性能良好的空调系统。

10.1.2 照明系统节能原理

如何对照明进行节能，首先要了解地铁照明的分布情况、能耗分布以及其可能引起浪费的情况。

1. 照明分类

大部分的地铁车站一般设有两层，即站厅层和站台层。机电设备和照明系统设置在车站两端。地铁车站的照明系统有两种分类方法：① 按照负荷等级划分，分为一、二、三级负荷，一级负荷主要是应急照明和地下车站的公共区照明等；二级负荷主要是设备区照明以及地面站的公共区照明、导向照明；三级负荷主要是地铁广告照明。② 按照功能分类，分为工作照明、节电照明、区间照明、电缆夹层安全照明、导向标志照明、设备区照明等。节能设计部分主要针对的是基础照明和艺术照明，基础照明包括工作照明、设备区照明、节电照明；艺术照明包括工作照明的一部分、导向照明的一部分和广告照明。

2. 能耗分布

在地铁车站及区间内设有独立照明系统，为乘客和运维人员提供方便舒适的光源，我国相关的政策法规及文件明确规定，地铁照明系统占地铁车站平均设备负荷的 14.2%～16.1%，但是实际的运行结果是有的城市地铁车站高达 20%～30%，在一线城市尤为明显，并且有增无减，在持续规范照明功率密度值的今天看来，这部分用电量的设计是不尽合理的。在地铁中由于造型和功能的不同，很多地方可能会出现照明重叠的地方，例如广告牌照明和过道内的照明；在白天和晚上以及乘客不会路过的地方照明度都应有所调整。

10.1.3　扶梯系统节能原理

根据电机拖动原理：电机输入功率 = 输出功率 + 损耗，通过减小输出功率实现扶梯节能。电机的输出功率 $P = T\Omega$，其中，T 为转矩；Ω 为转速；输出功率 $P = \sqrt{3}UI\cos\Phi$，其中，U 为电机电压；I 为电机电流；$\cos\Phi$ 为功率因数。因此可以通过调节电机转速、电压或减少运行时长来减少输出功率。

10.1.4　自动售检票系统节能原理

地铁自动售检票系统的设置应按照各车站客流情况进行合理配置，并且在站内也应根据客流高峰的不同时刻对设备进行合理开闭。在客流较大的车站应该设置更多的自动售检票机器，在高峰期可以将自动售检票机全部打开，非高峰期关闭一部分设备，同时应增加手机扫码进站等售票方式，这样不仅增加了售票效率，还可以减少售检票机数量，从而起到较好的节能效果。售检票机也应开发自动开关软件，让自动售检票机正常工作 18～19h 后可自动关闭，减少能耗。在自动售检票系统中还可以采用合理的低功耗芯片进一步降低损耗。其他弱电系统节能原理与自动售检票系统的节能原理类似。

10.2　节　能　设　计

10.2.1　合理设置通风井与排风机

根据不同的工程特点，隧道通风采用不同的活塞系统，一般以双活塞系统为主，在风亭布置条件较差的车站则辅以单活塞系统。系统在车站两端设了两个活塞风道，活塞风道的设置能降低隧道内的温度，降低列车运行的阻力，从而减少列车空调及牵引的能耗，还能降低噪声，给乘客带来更舒适的体验。同时双活塞风井的方案能减少站台漏风量，减少夏天车站空调冷量及冬天车站空调热量的泄漏，降低车站空调能耗。活塞风道设计应尽量缩短长度、顺直畅通，一条活塞风道的直角转弯不超过 3 次，每个有效断面不小于 16m²，活塞风道长度不超过 30m，个别困难的可按 50m 控制，活塞风孔设置位置应尽量避开直线区段。在地下车站两端各设置一套轨排热通风（兼排烟）系统，各由一台单向运转耐高温轴流风机、相关风阀及控制部分组成。车站轨行区排热通风系统采用结构风道形式，车站轨道上部排热风道风口正对列车空调冷凝散热器，站台下部排热风口正对列车制动电阻，以有效排除列车停站散热。

在运营初期可以不用打开风机，利用列车进出站所形成的活塞风进行降温，运营远期隧道排风机的排风量可以控制在 40m³/s，并在不同的季节考虑关闭风机。由于运营密度的变化，对应列车在区间内产生的热量也相应变化，应根据行车、季节变化及室外温度设置时刻表，排风机设置变频装置，可使风机在不同列车运营密度下，对应不同排风量，从而进一步提高节能效果。

10.2.2　合理优化空调运行方式

空调风机采用变频控制，根据车站的列车对数和客流量等实际情况调整系统负荷，在保证服务质量的前提下，最大限度地实现节能降耗。在通风季节开启表冷器，能够降低系统的通风阻力和能耗。空调风管、冷媒管等采用保温措施，减少冷量流失。站台设置屏蔽门系统，阻断车站冷量的流失，降低空调能耗。站内采用屏蔽门同样是一种减少空调耗能的方式。车站内公共区域采用全空气一次回风集中通风空调系统，热季空调，其余季节通风换气，风机变频运行，机组内设空气净化装置。通风空调大系统在空调季，新风量按人员 12.6m³/h、系统风量的 10%、站台屏蔽门漏风量的最大值进行取值；在过渡季及通风季，新风量按人员 30m³/h 取值。这样做不仅可以满足卫生要求，又能减少新风能耗，实现节能运行。

地下车站全公共区负荷在 65%～100% 的范围内变化，且早晚出现明显高峰期。同时，地铁初、近、远期不同运行时期的站内负荷也不同。因此空调系统采用变频调节技术，对公共区"冷""风"的需求变化具有可调节性能，实现无级调节。

10.2.3　采用合理的时刻表

根据乘客乘坐地铁的高低峰期合理安排地铁班次，在早晚高峰以及节假日增加列车班次，其他时刻则相应地减少列车班次，以此来减少屏蔽门的开闭频率，进一步减少空调系统的能耗。

10.2.4　采用合理的设备、装饰与灯具布局

采用 LED 照明，LED 照明使用低压电源，比使用高压电源的光源更安全。

LED 照明的光效高，是固态光源，具有抗震性。同时，LED 照明的光亮程度在寿命期间具有极高的稳定性，可以很好保证照明，减少维护。根据测试表明，100W 的 LED 灯、150W 的金卤灯各 1800 盏在照明同样的区域时，LED 所产生的能耗为 1 228 590 kWh；金卤灯为 1 675 350 kWh。在地铁车站内采用一些具有反光性质的材料，例如白色的瓷砖地板、白色吊顶，反射光使站内看起来更加明亮，减少灯源的数量。在灯具布局方面，对于基础照明和艺术照明两部分，地铁中常利用均匀布置与选择性布置结合的方式。均匀布置是为了满足照度均匀的要求，选择性布置是为了地铁空间产生艺术效果的氛围，让乘客感到放松愉悦。广告灯箱可以考虑设置在地铁站台通道安全门的上方，或利用站台三角间等位置设计，这样既不会造成照明重叠，也可以达到吸引乘客的目的。

在车站公共区照明、设备管理区照明、广告照明、疏散指示照明、导向标志照明、装饰照明等均采用 LED 光源。

针对公共区、设备区、出入口的不同运营特点，设置多种照明运行模式。公共区照明采用智能照明控制系统，可以自动或人工设置各种照明节电运行模式，可以灵活实现多种控制模式，满足运营不同功能要求，同时达到节能的目的。

智能照明控制系统的控制范围包括公共区工作照明、出入口工作照明、导向照明等。根据运营高峰与低谷时段设置不同的开闭模式，既能保证一定照度和照明均匀度，又能控制长明灯的数量。例如节假日时为了表达节日气氛，可以尽可能地多开一些照明灯，考虑设定节日运行模式；白天正常运行，在客流量比较大需保证足够照明时，可设定正常运行模式；当客流量较小时可关闭一部分照明灯；当列车停运后，可关闭绝大部分照明灯。车站各范围的照明根据不同时段工况要求开启，既可保证照明又可节省电能。

10.2.5　制定合理的照度标准

不同区域照度的要求应该有所不同，在乘客经过和停留较多的地方应适当地提高照度，例如扶梯、楼梯、地铁站台等；但在站厅及安检通道的照度可以适当降低，以减少照明能耗。

10.2.6　区间隧道、高架桥照明合理开闭

很多地铁的运行区间都有隧道，一般地下区间隧道间隔 10m 左右设置照明灯，但是地铁车辆上都配有远近照明灯，地铁司机可以根据车载照明观察线路状态，且其一般有效照明距离为 200m 以上，司机可以做到及时发现问题及时停运，因此在地铁运行期间可以关闭隧道内的部分或全部照明，这样不仅可以节能，还

能避免造成眩光影响司机视线，同时可将区间照明灯具间距增至 30～40m，检修时分区段开灯也可以在一定程度上减少能耗。

10.2.7　降低扶梯能耗

（1）扶梯设置自动启停。自动扶梯在很多时候处于不必要的空载状态，这必将造成一定的能耗，通过自动启停可以减少不必要能耗。自动启停是指自动扶梯在无乘客时自动停止运行，当有乘客时又自动重新启动运行。这种方式不仅可以做到节能，还能减少自动扶梯的磨损，增加其使用寿命。

（2）采用自动星三角变换。星形启动一般在小负载时使用，星接时三相异步电机每一相绕组的电压值为220V，和直接加380V电压相比，减小了启动电流。三角启动是指电机直接接入380V的额定电压，使电机进入额定转速状态，一般适用于重载。因此改变既有运行方式（先星接启动然后变成三角接进入额定状态），在启动时依然按星接进行启动，但不再是通过时间原则切成三角接，而是当扶梯上的乘客达到某一数量之前，扶梯一直按星接法运行，当乘客达到设定数量后，自动扶梯才切换成三角接法运行；当乘客减少到设定的数量以下时，自动扶梯又切换成星接运行，如此循环往复。表 10-1 为轻载时不同运行方式下不同负载的能耗。

表 10-1　　　　　　　　轻载时不同运行方式下不同负载的能耗

运行方式		空载（kW）	每 3 个梯级站 1 个人（kW）	每 3 个梯级站 2 个人（kW）
三角接	上行	2.28	3.72	5.03
	下行	2.18	1.02	0.16
星接	上行	1.81	3.05	4.73
	下行	1.69	0.45	0.76

星接和三角接其实质是对交流电机的调压，由表 10-1 可知，星接比三角接节能显著，可节能 20% 左右。

（3）采用"交—交"变频调速。交流异步电动机的转速公式 $n=(1-s)\,60\,f/p$，式中：n 为转速；s 为转差率；f 为频率；p 为极对数。由此公式可知，变频调速是通过对异步电机给电源频率 f 平滑的调节，以实现对异步电机输出转速 n 的连续调节。但是这种调节方式就使得在调节输出频率时还得调节电压，因为为了保证铁芯的充分利用和避免过饱和，需保证磁通 Φ 保持在一个合适的定值，而在忽略定子漏阻抗压降的情况下，$E_1 \approx U_1 = 4.44 f_1 N_1 k_{r1} \Phi_{m}$，其中，$N_1$ 为定子绕组每相绕组感应电动势；k_{r1} 为与绕组结构有关的常数；U_1 为定子相电压，因此 $U_1/f_1 = C$，C 为常数。根据这个原理，设置合理的变压变频电路和控制装置使扶梯在无人乘梯时降低运行速度，从而降低能耗及磨损，实现节能。地铁的自动扶梯在 50% 以上的时间为空载运行，根据测试采用变频调速后，扶梯运行速度为 0.13～0.2m/s，可以减少能耗 70%～85%，由此可见，变频调速不但节能效果明显，还可以实现加速至额定速度和减速至爬行速度的交接连续，平稳性和舒适性好。

10.3　节　能　效　果

10.3.1　通风空调节能评价

（1）站台屏蔽门系统的节能。根据南方城市已运营地铁线路的实际运营数据，站台屏蔽门系统与开闭式的通风空调系统相比，不但具有节能 30% 以上的效果，还可以提高服务水平，保障乘客安全。所以应采用屏蔽门系统，以节省运营费用。根据运营经验，应进一步加强屏蔽门的密封性能，减少车站与隧道之间的空气流通，可以更好地节省车站空调冷量损失，节约能源。

（2）通风空调系统合理设计的节能。通风空调系统设计应贯彻国家最新颁布的《公共建筑节能设计标准》（GB 50189—2015），体现在水系统、风系统的负荷计算、设备选型、系统合理布置、设置根据负荷变化进行调节运行的节能模式等方面的节能，关键在于做好各阶段设计，控制好在设备招标、设备安装等全方位的质量控制工作。在设计及招标工作中，主要采取以下节能措施，降低系统的运行能耗：

1）加强车站布局配合、优化车站内部设备用房的合理布置与风道关系。可以通过与建筑配合，尽量将车站中各区域使用功能、环境控制参数、运行时段及消防要求相同或相近的设备及管理用房相对集中布置，并按此分类设置通风或空调系统以简化控制、实现节能运行；对于地下车站通风与空调系统的设备用房按照就近服务和临近进、排风道的原则灵活布置，以尽量减小通风系统的管路长度、尺寸和运行费用。

建筑设计车站出入口时，尽量设置拐弯，并避免同一端的两侧出入口正对，增加室外空气进入车站的阻力，从而减少屏蔽门打开时，车站内负压造成的室外空气直接进入车站的风量。

2）车站隧道排风机采用变频控制，在保证隧道内温度的前提下，根据列车行车对数、室外温度调节车站隧道排风机频率，节省系统运行能耗，同时可降低车站隧道内负压，减少站台冷风通过屏蔽门漏入隧道，节约能源。

3）大系统组合空调器、回排风机采用变频控制，在保证车站卫生要求的前提下，设计有效的运行模式，分析计算能耗，实现综合节能。

4）在全新风季和通风季，大系统空调器送风，回排风机停止运行，送风由出入口及屏蔽门泄漏，既可保证车站内的空气品质，又可节省回排风机能耗。

5）适当加大送风温差，并在满足国家节能标准和噪声标准的前提下适当提高送风速度。通过优化风管设计，保证其在经济流速范围内。

6）设计高效节能水系统，通过精细化设计，尽量减少系统管路阻力；对冷水机组 COP 提出不低于一级能效要求；同时对冷水机组蒸发器和冷凝器的水阻和空调器表冷器水阻进行控制，降低水泵能耗；并通过通风空调节能控制策略，最终保证水系统的综合制冷性能系数 SCOP 不低于《公共建筑节能设计标准》的要求。

7）冷冻水泵采用变频控制，在满足末端冷量要求的情况下，减少冷冻水流量，降低运行能耗。

8）空调风系统和通风系统风量大于 10 000 m^3/h 时，风机的单位风量耗功率不宜大于 0.27。

9）采用达到节能评价值的冷水机组，节省通风空调系统的运行能耗。

10）在保证系统可靠性的前提下，积极采用冷水系统一次泵变流量系统，节省水系统运行能耗。

11）风机及水泵应进行严格的水力计算，确保风机及水泵的压头选取合理，设备运行在高效区。

12）与自控专业协调，提出合理的控制工艺要求，制订合适的控制策略，综合考虑各子系统之间的协调动作，保证系统的整体节能效果。

10.3.2　照明节能评价

按照《城市轨道交通照明》（GB 16275—2008）及《建筑照明设计标准》（GB 50034—2013）等标准，基于 LED 高效节能灯具的应用，在正常照明、疏散照明及备用照明照度值要求与规范保持一致的前提下，所推荐的功率密度普遍低于规范要求的目标值，从设计源头上开展照明设施的节能设计。根据某城市已经实际施工完成的工程照明设施节能方案，公共区照明功率密度值及照明能耗分析见表 10-2。

表 10-2　　　　　　　　　　　　**公共区照明功率密度值及照明能耗分析**

公共区位置	建筑面积	年使用小时（h）	功率密度（W/m²）		照明能耗（kWh/a）	
			设计值	规范值	设计值	规范值
站厅	1560	6570	7	9	71 744.4	92 242.8
站台	1280	6570	7	9	58 867.2	75 686.4
合　计					130 611.6	167 929.2
节能率					22.2%	

从表 10-2 可以看出，基于 LED 高效节能灯具的应用，该工程功率密度设计值比规范中要求的目标值还要低，其节能率高达 22.2%。

10.3.3　自动扶梯节能评价

1. 采用变频技术

节能是变频技术的通用优点。采用变频技术使得自动扶梯效率提高、运行平稳、设备寿命延长，启动和停止加速度都比较缓和，而中间过程加速度比较快，乘坐舒适。自动扶梯采用变频调速技术，使得扶梯具备平稳启动、节能运行功能，具有良好的节能效果。

某城市地铁工程自动扶梯电机功率 $P=H \times L \times v \times 0.2453 \times 1.5H-0.0672$。其中，$P$ 为电机功率，kW；L 为制动载荷，一般取 120kg；H 为提升高度，m；v 为额定速度，一般取 0.65m/s。全线 241 台扶梯，总功率 5506kW。变频扶梯与非变频扶梯年耗能费用比较如下。

（1）不采用变频时，241 部电扶梯每年消耗的电能为（2374.2kW+3132kW）× 20h × 365a = 40 195 260kWh；若每千瓦时电价 0.71 元，则电费为 40 195 260kWh × 0.71≈2854 万元。

（2）采用变频时，241 部电扶梯每年消耗的电能为（按每天满载运行 0.65m/s 5h、节能运行 0.3m/s 8h、待客运行 0.13m/s 7h）：[（2374.2kW+3132kW）× 5h +（2374.2kW + 3132kW）× 0.5 × 8h +（2374.2kW+3132kW）× 0.2 × 7h]× 365a = 20 901 535.2kWh。电费为 20 901 535.2kWh × 0.71≈1484 万元。年节约电费约 1370 万元。

2. 自动扶梯设置节能运行模式

自动扶梯的供配电始终通过变频器，扶梯可以选择在 0～0.65m/s 中的任何速度运行。如扶梯上无乘客时，扶梯按 0.13～0.2m/s 的节能速度运行；当扶梯前端探知有乘客进入时，扶梯从节能速度加速至额定速度 0.65m/s 运行；当扶梯一段时间内无乘客时，扶梯又减速至 0.13~0.2m/s 的节能速度运行。

目前自动扶梯无人时采用变频技术实现节能运行，是应用最为广泛且技术成熟的节能控制方式。地铁运营在初、近期，列车运行间隔较长，扶梯在一天 18h 的运行中，大约有 50% 以上的时间为空载运行，因此在空载时改变扶梯的运行模式，将可较大幅度地降低自动扶梯的能耗。

10.3.4　自动检售票系统节能评价

在停止服务模式下，运营结束后自动售检票系统让部分模块进入休眠状态或关闭电源状态，可实现节能。自动售检票各模块节能效果统计见表 10-3。

表 10-3　　　　　　　　自动售检票各模块节能效果统计表

设备名称	模块名称	正常模式功率（W）	运营结束功率（W）	节约功率（W）	设备数量（台）	年停止时间（h）	年节约能耗（万 kWh）
闸机 AGM	扇门模块	14.2	0	14.2	165	2190	1.52
	方向指示器	24	0	24			
	乘客显示屏	4.92	1	3.92			
自动售票机 TVM	乘客显示器	63	2	61	54	2190	0.99
	设备显示器	24	1	23			
票房售票机 BOM	操作显示器	34	1	33	27	2190	0.28
	乘客显示器	15.6	1	14.6			
合计							2.79

自动售检票系统正常运营时间每天 18h，运营结束后让部分模块进入休眠状态或关闭电源状态，实现节能。经测算，某工程自动售检票系统在停止服务模式下全年总节约能耗为 2.79 万 kWh。

第11章 绿色节能设计典型案例

11.1 项目基本情况

截至 2021 年底，广州地铁线网总里程突破 600km，全年运送乘客 28.34 亿人次，日均客运量达 776.45 万人次，占全市公共交通出行总量的比例为 61%。同时，正同步推进 13 条（段）、314km 地铁新线建设，实现了与重大基础设施、产业集聚区和发展平台的配套，拉大了城市布局，拓展了城市空间。

广州地铁十三号线是广州市轨道网络中一条极为重要的线路，其东西向横贯整个城市，与三号线形成十字快线，与城市东进轴保持一致，支持了"两轴两带"的产业发展。首期工程（鱼珠—新沙）串联城市东部组团增城新塘镇和黄埔区，二期工程（朝阳—鱼珠）的建设将与首期工程共同构建城市市域快线、东西骨干线，加强城市东西部区域组团与中心城区的联系，兼具"交通疏导型"和"规划引导型（TOD）"的特点。

十三号线二期工程（朝阳—鱼珠），线路呈东西走向，主要行经城市核心区，沿线规划有白云湖片区、罗冲围综合改造片区、北京路文化核心区、珠江新城、国际金融城、黄埔临港商务区等重点发展地区。线路全长 33.8km，均为地下线敷设方式；共设置 23 座车站，其中换乘站 9 座，平均站间距 1.5km；最大站间距 3.2km，为朝阳至庆丰区间；最小站间距 0.7km，为马场至白马岗区间；在庆丰站东北侧设置凰岗停车场，在鱼珠站西北侧设鱼珠停车场；在彩虹桥、天河公园站附近各设置一座主变电站。

该工程采用 8 辆编组 A 型车，DC1500V 架空接触网供电，列车最高运行速度 100km/h。

11.2 项目选址的节能设计

11.2.1 线路选址方案的节能设计

线路起自朝阳站，由朝阳向南沿规划道路行进，过京广高铁后在凰岗停车场西侧庆丰物流园区设庆丰站，线路继续向南行进，在凰岗大道南侧设凰岗站，线路向南行进，在西樵路南侧接入增槎路，并设槎头站，与十二号线、佛山八号线换乘。由槎头向南沿增槎路行进，在三一国际食品城东侧设西洲站，线路继续向南穿过北环高速公路后在松北村东南侧设松溪站。之后线路沿增槎路继续向南行进，在罗冲围富力半岛西北侧设罗冲围站，线路向东行进，穿过西场立交后进入东风西路，在和平新村南侧设西场站与五号线西场站换乘。

线路自西场出站后继续向东穿过德坭立交在流花湖公园处设置彩虹桥站与八号线、十一号线换乘；线路沿东风路继续向东敷设，下穿人民路高架桥、盘福路立交桥、解放北路跨线桥后在连新路西侧设纪念堂站，与二号线换乘。之后线路沿东风路继续前行，在仓边路路口东侧设仓边路站。之后线路向东到达建设六马路处，在美术中学门前设建设六马路站与十二号线换乘。线路继续向东行进，至农林下路处设农林下路站。之后线路在内环高架以西的东风东路梅东路口设置梅东路站。

线路在中山一立交下穿地铁一号线区间后转向黄埔大道敷设，在体育西路路口设花城广场北站；之后，线路继续沿黄埔大道向东行进，穿越 APM 线后在冼村改迁地块设冼村站与十八号线换乘，在石牌村南侧设石牌南站，继续向东在马场北门设马场站与十九号线换乘。之后线路继续向东下穿华南快速干线立交后在白马岗北侧设白马岗站，线路之后在天府路处折向东北，在天河公园设天河公园站，与十一、二十一号线换乘。之后线路下穿天河公园接入中山大道。线路沿中山大道继续向东，在棠下 BRT 与棠东 BRT 之间设棠下站，下穿车陂路立交后设车陂站，与四号线换乘；线路向东在珠村南侧护林路跨线桥北侧设珠村站，之后线路向东南象限继续沿中山大道敷设，接入一期工程起点站鱼珠站。

十三号线二期工程采用 100km/h 的 A 型车，根据《地铁设计规范》，线路平面最小曲线半径为 350m，困难地段线路可采用 300m 的半径。该工程采用的最小曲线半径为 350m，线路右线采用的曲线半径、曲线数量及曲线长度见表 11-1，线路右线平面特征见表 11-2。

表 11-1 　　　　　　　　　右线曲线半径、曲线数量及曲线长度

序号	曲线半径（m）	曲线数量（个）	曲线长度（m）	占全长百分比（%）
1	$350 \leqslant R \leqslant 400$	2	417.84	1.24
2	$400 < R \leqslant 500$	4	1838.58	5.44

续表

序号	曲线半径（m）	曲线数量（个）	曲线长度（m）	占全长百分比（%）
3	500＜R≤700	16	6677.93	19.76
4	700＜R≤1500	29	6736.04	19.93
5	1500＜R≤2000	3	512.55	1.52
6	R＞2000	0	0	—
合计		54	16 182.94	47.89

表 11-2　　　　　　　　　　　　右线平面特征统计表

项目		长度（km）	占全长百分比（%）
直曲线分类	曲线	16.18	47.89
	直线	17.6	52.11
	合计	33.78	100

　　评价线路节能设计主要考虑平面设计是否尽可能优化曲线半径，以减少车辆行驶过程中因曲线阻力大而增加电耗。十三号线二期工程主要沿城市主干道敷设，建筑物密集，控制性因素较多，线路在条件较好的地方，尽量采用较大的曲线半径，且线路直线所占比例较大，可以有效地减少车辆行驶过程中因曲线阻力大而增加的电耗。

　　在线路纵断面的设计中考虑节能坡设计，是节省牵引能耗、延长地铁车辆加减速系统的使用寿命、节约车辆维修费用、实现地铁可持续发展的重要环节。线路设计中凡有条件的区间，都应设计成节能坡，即遵循"高站位、低区间"的设计原则。

11.2.2　车站选址方案的节能设计

　　该工程共设 23 座车站，全部为地下站。车站选址在满足轨道交通功能需求的基础上，尽量避免设置不必要的空间，从而降低车站建设成本。

　　因此，该工程车站站位的布设和出入口的选定需满足城市规划、城市交通规划、环境保护和城市景观的要求。车站总体布局能够妥善处理与地面建筑、地下管线、地下构筑物等之间的关系，尽量减少房屋拆迁、管线迁移和施工时对地面建筑物、地面交通及市民的影响。从而合理地利用资源，减少不必要人力、物力和财力的消耗。

11.2.3　车辆基地选址方案的节能设计

根据《地铁设计规范》（GB 50157—2013），地铁车辆基地的设置应根据线网规划统一考虑，按照具体情况可以每条线路设一座车辆段或几条线路合建一座车辆段。当一条线路长度超过 20km 时，可根据运营需要，在适当位置增设停车场。

在分析车辆基地的功能需求和充分利用所选段址的地形地貌和周围环境的基础上，以确保修车质量和生产安全，满足工艺要求为前提，以努力提高作业效率、减轻繁重体力劳动、改善劳动条件、节省工程投资、降低生产成本、节能环保和零排放，获取最佳综合效益为目的，车辆段的设计遵循以下基本原则。

（1）根据有利生产、安全和方便管理、方便生活的原则，以车辆段为主体，充分考虑综合基地内各系统的功能特点进行分区或分层布置，力求紧凑、整齐、经济合理，使用和管理方便，避免相互干扰。

（2）根据城市轨道交通的特点，出入段线不宜少于两条线，确保列车进出互不干扰。

（3）线路的配置应满足各种生产功能的要求，充分考虑列车的特点和运用检修的要求，力求布置顺畅、作业方便，避免车辆在段内互相干扰，尽量缩短列车的空走距离。

（4）房屋及设备根据检修作业工艺流程和生产性质按系统布置，并综合考虑消防、卫生、通风、采光、道路、管道敷设、绿化、环保及城市规划等方面的有关要求，房屋设施适当集中，力求布置整齐、紧凑、合理，为安全作业、文明生产创造条件，同时便于城市电力线路、煤气管线、热力管线、给排水等市政管道的引入和道路的连接。

（5）列车洗刷设备宜按贯通式布置，以提高洗车作业效率，减少对其他作业的干扰。

（6）综合维修中心的设施靠近车辆检修设施，以利于部分设备共用。大部分房屋集中设置。

（7）物资总库尽量靠近主干道布置，具备方便的运输条件；设置材料堆场，以便材料的储存和发放。

（8）场地内合理布置排水设施及污水处理系统。工业废水应在车辆段污水处理站进行隔油处理，去除有害物质，在有城市污水厂覆盖的条件下，达到相应排放标准后和生活污水合并排入市政管网；在无城市污水厂覆盖条件下，要处理到达到排入环境水体的排水标准。

（9）车辆段的运用整备、检修设施按近期规模设计，远期规模预留。地面建筑根据工艺要求按近、远期相结合建设，对于不易改、扩建的建筑物按远期要求一次建成；车辆段与综合基地的用地范围按远期设计规模控制。

（10）重视对地块内植被和自然水系的保护，车辆段与综合基地的总平面布置应力求少占水塘，少挖山体，同时应与周边环境相结合。

凰岗停车场设置在线路西部的庆丰站北侧，这样设置可以减小出入段线长度，减小车辆空驶距离，有效降低能耗。十三号线车辆基地的布置图见图 11-1。

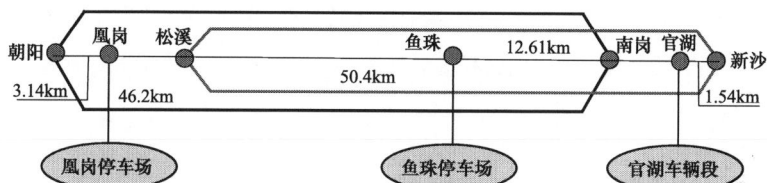

图11-1 十三号线车辆基地布置图

11.2.4 主变电站选址方案的节能设计

十三号线二期工程变电站布局如图 11-2 所示。从图 11-2 可以看出，变电站的选址满足安全可靠性要求，靠近负荷中心，邻近轨道交通线路，满足中压网络线路压降、线路损耗等经济技术指标要求。

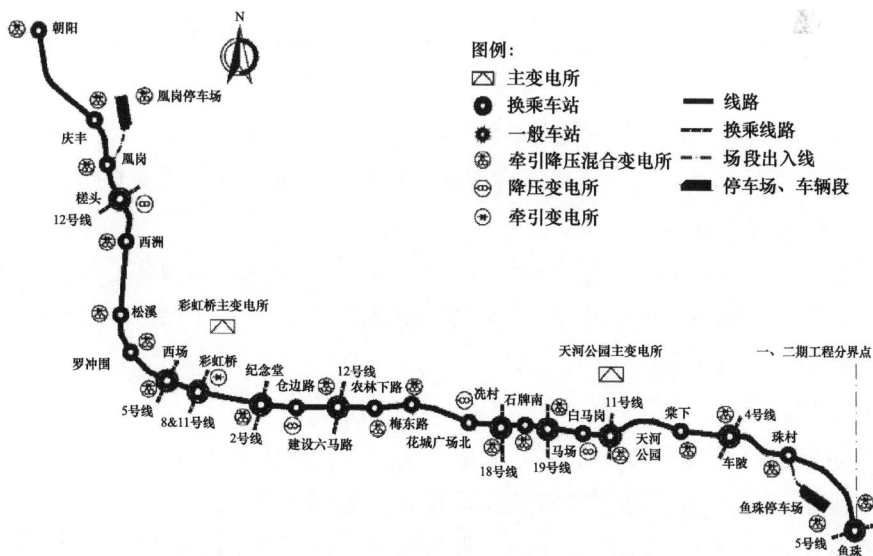

图11-2 十三号线二期工程变电所布局图

121

11.3 线路的节能设计

1. 线路平面

该工程东西两端开发强度较低,中部主要沿城市建成区辐射,现状开发强度大,沿线建筑物密集,现状客流较大。以花城广场北—鱼珠段为例,线路平面设计方案具体如下:

花城广场北—鱼珠段。该段线路全长 13.2km,线路所经区域为天河区。该段线路共设 8 座车站,分别为花城广场北站、冼村站、石牌南站、马场站、天河公园站、棠下站、车陂站、珠村站。

该段线路中山一立交至天河公园段,交通非常繁忙,不具备全明挖条件,车站考虑采用明暗挖相结合的方案。

线路所经区域沿线多为建成区,沿线繁华,居民区众多,线路所经区域有多条地铁线经过,与本线产生多处换乘。

其中,黄埔大道段南侧为珠江新城,珠江新城是 21 世纪广州中央商务区的重要组成部分,定位为集国际金融、贸易、商业、文娱、行政和居住等城市一级功能设施于一体,推动国际文化交流与合作的基地。规划居住人口 18 万,就业岗位 30 万。中山大道段与 BRT 路由存在重合,BRT 车站占用路中区域,对地铁车站及区间设置影响较大。

冼村、石牌南站以居住用地为主,马场站周围以教育科研用地为主,白马岗站周围以居住用地为主,天河公园站位于天河公园内,周边以公园用地为主,棠下、车陂和珠村三站以居住用地和物流用地为主。

线路所经东风路规划路红线宽度 50m,黄埔大道规划红线宽度 60m,中山大道规划红线宽度 60m。

线路在该段的控制点主要有黄埔大道隧道、马场隧道、猎德北延高架、华快立交、天府路跨线桥、科韵路立交、环城高速东圃立交、中山大道 BRT 车站及人行天桥桩基等。

2. 线路纵断面

线路纵断面设计方案:花城广场北至冼村段设计为坡度较大的 V 字坡。冼村站为地下四层车站,与石牌南站高差较大,冼村至石牌南段设置为单向节能坡。石牌南至马场段设计为 V 字坡,坡度较大,该区间为节能坡。马场至白马岗段设计受高差控制,设计为单坡。白马岗至天河公园段,设计为 V 字坡,坡度较缓。天河公园至棠下段设计为节能坡。棠下至车陂段，受既有四号线区间隧道标高的控制，设计为单向坡。车陂至珠村段设计为节能坡。珠村至鱼珠段设计为节能坡。

花城广场北—鱼珠段线路纵断面示意图见图 11-3。

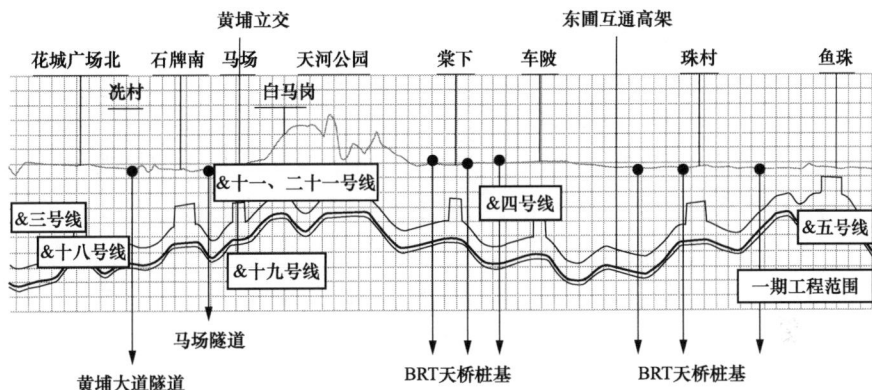

图11-3　花城广场北—鱼珠段线路纵断面示意图

线路纵断面特征见表 11-3。

表 11-3　　　　　　　　　　　线路纵断面特征表

	坡度（‰）	坡段数（个）	坡段长度（km）	占全长百分比（%）
坡段分布	0≤i＜10	52	18.76	55.50
	10≤i＜20	13	4.87	14.41
	20≤i＜25	12	3.83	11.33
	25≤i＜28	22	6.36	18.82
	28≤i＜30	0	0	0
合计		99	33.8	100

11.4　轨道系统的节能设计

（1）该工程轨道结构设计力求简单化、通用化，实现广州地铁线网轨道设备资源共享，节省备品备件种类和数量，降低建设和运营成本。

（2）该工程推荐正线及配线采用弹条Ⅲ型分开式扣件，该扣件为弹性分开式扣件，技术成熟，可调整弹条的扣压力，更换弹条方便，轨下与铁垫板下可同时设弹性垫板，具有较好的减振降噪效果。此外，对扣件进行防腐处理，采用聚酯弹性垫板替代橡胶垫板等措施，均能提高扣件寿命，减少维护工作量。

（3）该工程中等减振地段推荐采用双层非线性减振扣件，可单独更换胶垫，维修方便；高等减振地段推荐采用梯形轨枕，特殊减振地段推荐采用重型钢弹簧浮置板，钢弹簧减振性能持久稳定，容易更换，维修量较小。上述措施在国内地铁均有大量应用实例，技术成熟。

（4）道岔作为线路中的薄弱环节，列车通过频率高，采用相离型曲线尖轨，侧向通过速度提高，有利于跨区间无缝线路应用；岔下采用合成树脂长轨枕，可提高道岔整体性和平顺性，施工方便，利于道岔组装和调整。

（5）杂散电流会引起地铁设施及附近钢筋混凝土结构及埋地管线的腐蚀。轨道结构设计中，通过将道床钢筋焊通，道床块端头设置排流端子，采用绝缘扣件等措施，减少钢轨电流泄漏，降低能耗的同时，延长轨道结构使用寿命。

（6）该工程正线及配线应按下列要求铺设无缝线路：隧道内直线和 $R \geqslant 300m$ 曲线地段铺设无缝线路。无缝线路能够有效减少轮轨磨耗及钢轨接头冲击引起的振动和噪声，保证乘客舒适，降低养护维修量，延长轨道、车辆部件、主体结构的使用寿命。

（7）钢轨涂油器能够显著降低小半径曲线磨耗，节省钢轨用量及运营维护阶段的人力和物力；开通前全线钢轨进行预打磨，消除钢轨表面脱碳层和原始不平顺，减少钢轨磨耗、波磨和疲劳裂纹损伤等，可延缓轮轨使用寿命。

（8）该工程推荐采用 CP Ⅲ 精密铺轨技术指导铺轨，轨检小车指导轨排调整，实现轨道绝对精度与相对精度的检测与控制。相比传统导线控制测量法，能够提高铺轨精度，改善轨道几何状态，延长车辆和轨道设备的使用寿命。

该工程正线及配线采用预应力混凝土长轨枕，道岔区采用长轨枕。长枕整体道床轨底坡更容易控制，有利于提高施工精度、加快施工进度。

11.5 供电的节能设计

该工程采用 110/33kV 两级电压制式，全线每个车站变电站的高压电源均为 33kV，与采用 10kV 供电相比，线路和变压器损耗均可以减少，在今后长期的运营中，节能效果明显。

鉴于地铁车站日益严重的用电环境，该工程在车站设置有源滤波装置进行谐波治理，并同时进行无功补偿。白天以滤波功能为主，晚上负载少时可充分利用此容量进行无功补偿，减少主变电站补偿压力、优化公共点系统内部功率因数。

该工程采用在主变电站设置动态无功补偿及滤波装置，对系统无功进行动态调节，并对系统总谐波进行统一治理，该方案满足了供电企业对功率因数及谐波含量的要求，提高了系统电能质量，减小系统损耗，起到了节能环保的作用。

照明功率密度值按照《建筑照明设计标准》（GB 50034—2013）要求执行，站厅、站台公共区、出入口以及设备区等区域的照度按照《城市轨道交通照明》（GB 16275—2008）要求执行，从设计源头上开展照明设施的节能措施。

11.6　通风空调的节能设计

该工程通风空调系统包括隧道通风系统和车站通风空调系统两大部分。隧道通风系统分为区间隧道通风系统和车站隧道通风系统两部分；车站通风空调系统分为车站公共区通风空调系统（简称大系统）、车站设备管理用房通风空调系统（简称小系统）以及空调水系统（简称水系统）。该工程通风空调系统主要包括通风机、电动风阀、冷却水塔、空调末端的空调箱、风机盘管等设备。

车站通风空调系统方案如下：

地下车站空调采用全封闭屏蔽门系统，全线 23 个站采用双活塞隧道通风系统方案。该方案具有年能耗低、站台安全性高、车站空调的舒适性好以及车站内空气品质较优等特点。

车站大系统采用全空气一次回风系统，原则上在站厅层两端设通风空调机房，各负担车站一半公共区的通风空调；个别车站出于实际情况需要，也可在车站中部集中布置一个大的通风空调机房。

车站设备管理用房通风空调系统单独设置，设计应满足各房间相关专业工艺要求。系统进风应直接采自大气，排风宜直接排出地面。

地下车站变电站设置单独的冷风系统，风量按排除余热量计算。

11.7　运营组织的节能设计

（1）车辆系统选型。合理的系统选型是线路运营能耗的关键。根据客流预测，初、近、远期采用合理的车辆编组方式，能达到节能的目的。

根据十三号线工程客流预测，初、近、远期早高峰最大客流断面均在冼村—花城广场北区间，分别达到 3.99 万、5.03 万、5.89 万人次 /h，采用 8 辆编组，远期开行 30 对 /h，可满足客流需求。

十三号线工程采用 8 辆编组 A 型车的系统选型，能够在满足客流需求的前提下实现列车牵引能耗的节能效果。

（2）节能运行组织。根据对初、近、远期各车站早高峰集散量，站间 OD 以及客流推算断面进行分析，近、远期采用大小交路的运行模式。十三号线各设计年限早高峰列车运行交路图如图 11-4 所示。

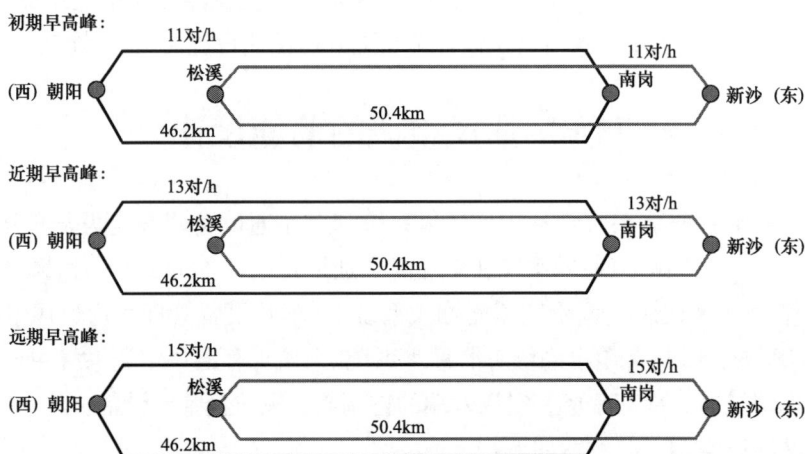

图11-4 十三号线各设计年限早高峰列车运行交路图

由于平峰及低峰时段客流量较小，因此在平峰时段应减少列车运营，考虑平峰 6～10min 的发车间隔，部分列车在高峰结束后返回车辆段，在高峰时段开始后再出车辆段投入运营，可大大减少运营车辆和公里数，节约能耗。

（3）节能牵引模式。列车行车速度对列车牵引节能有很大的影响，如何选取列车行车速度，将成为牵引节能的关键。

列车在加速条件下的牵引耗电量最大，但列车运行的总时间可以达到最短；列车在惰行条件下会将动力关掉，不会消耗牵引电能，但此时总的行车时间会增加。

利用城市轨道列车牵引计算系统进行模拟分析，正常运营时宜采用"牵引加速—巡航—惰行—制动停车"模式，列车制动停车前由巡航工况适时地转为惰行工况运行一段时间。经模拟对比分析，此运行方式节能效果佳，同时乘客舒适度较好。节能牵引模式示意图如图 11-5 所示。

在牵引模拟计算中，平常运营时采用节能的牵引模式，制动采用再生制动，节能运营模式相对最高速度下的运营模式更节约牵引能耗。

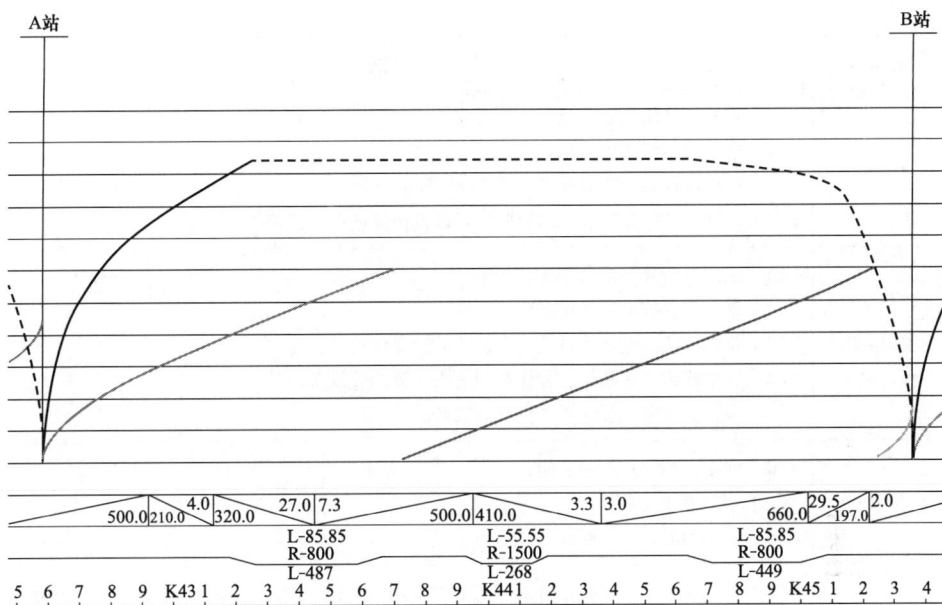

图11-5　节能牵引模式示意图

11.8　项目的节能效果分析

项目采取的节能措施汇总如表 11-4 所示。

表 11-4　　　　　　　　　　　项目的节能措施汇总表

系统 / 专业	节能措施
线路	（1）按"高站位低区间"原则设置节能坡； （2）符合列车运行规律及工程实际
运营组织	提高列车满载率，减少列车空驶里程
列车牵引	（1）减轻自重、改进调速控制方式； （2）采用再生制动能量回收装置； （3）采用车载空调节能系统
供电	（1）采用 110/33kV 两级电压制式； （2）选用低损耗变压器； （3）主变电站设置 SVG 进行动态补偿
照明	（1）优化照度设计标准、控制照明密度； （2）使用 LED 等绿色光源和高光效灯具；

系统/专业	节能措施
照明	（3）荧光灯采用高效节能电子镇流器； （4）合理设置照明控制模式； （5）设备区应急照明设翘板开关控制，平时关闭； （6）公共区节电照明、工作照明按照客流情况进行模式控制
通风空调	（1）采用全封闭屏蔽门制式； （2）采用双活塞隧道通风系统； （3）排热风机、空调大系统、水系统采用变频技术； （4）冷水机组、多联机、分体空调采用一级能效设备； （5）风机、水泵、冷却塔采用高能效产品
信号	（1）列车运行方式控制节能； （2）ATO 模式运行； （3）采用节能色灯信号机
综合监控	（1）耗能设备主要包括服务器、工业以太网交换机、前端通信处理机（FEP）和操作员工作站； （2）涉及调度指挥，24h 运营
给排水	（1）优化给排水管网布置，减少水头损失； （2）加强施工安装质量； （3）选用经济流速，减少管网的水头损失； （4）给排水设备的运行处于高效段； （5）选用内壁光滑的管材，减少管网的沿程水头损失； （6）采用节水、节能设备； （7）采用清洁能源； （8）利用市政管网余压； （9）雨水回用
电扶梯	（1）扶梯等设备采用变频技术； （2）采用分时段运行方案
自动售检票	（1）正常运营模式，选择低功耗、高效率部件； （2）停止服务模式，让部分模块进入休眠状态或关闭电源状态
通信	通信系统相关设备采用低能耗产品
建筑结构	（1）满足功能前提下减少车站规模； （2）采用节能环保型装修材料； （3）采用节能型广告灯箱； （4）做好地面建筑外围护结构的保温隔热； （5）设备房布置优化
车辆基地	（1）建筑满足功能前提下减少建筑规模，设备房间优化布置采用节能环保型装修材料，做好地面建筑外围护结构的隔热；

续表

系统／专业	节能措施
车辆基地	（2）高大厂房利用自然通风或机械通风与自然通风结合； （3）利用太阳能制备热水与中水回用； （4）采用太阳光照明； （5）其他机电系统节能措施同上

11.8.1　列车牵引节能效果分析

从全日运营组织统筹考虑列车节能牵引模式，在全日不同时段采用不同的节能牵引模式，在保证乘客服务水平的基础上尽可能降低全日总的牵引能耗。考虑在运营的平峰和低峰时段采取进一步的节能牵引模式，在稍降低旅行速度的同时实现列车牵引能耗的节省。根据模拟计算，得到上述节能措施下的初、近、远期列车牵引能耗情况如表 11-5～表 11-7 所示。

表 11-5　　　　　节能牵引模式下的列车牵引能耗（初期）

全日分时段		单向一列牵引能耗（kWh）	上下行总能耗（kWh）	1 天能耗（kWh）	1 年能耗（万 kWh）
高峰时段	西段交路	758.28	1516.57	73 250.31	2673.64
	东段交路	552.92	1105.83	53 411.69	1949.53
平峰和低峰时段	西段交路	682.46	1364.91	131 850.56	4812.55
	东段交路	497.62	995.25	96 141.03	3509.15
合计		—	—	354 653.59	12 944.86

表 11-6　　　　　节能牵引模式下的列车牵引能耗（近期）

全日分时段		单向一列牵引能耗（kWh）	上下行总能耗（kWh）	1 天能耗（kWh）	1 年能耗（万 kWh）
高峰时段	西段交路	758.28	1516.57	87 202.75	3182.90
	东段交路	552.92	1105.83	63 585.34	2320.86
平峰和低峰时段	西段交路	682.46	1364.91	149 116.71	5442.76
	东段交路	497.62	995.25	108 730.93	3968.68
合计		—	—	408 635.73	14 915.20

表 11-7 节能牵引模式下的列车牵引能耗（远期）

全日分时段		单向一列牵引能耗（kWh）	上下行总能耗（kWh）	1 天能耗（kWh）	1 年能耗（万 kWh）
高峰时段	西段交路	758.28	1516.57	104 643.30	3819.48
	东段交路	552.92	1105.83	76 302.41	2785.04
平峰和低峰时段	西段交路	682.46	1364.91	164 813.20	6015.68
	东段交路	497.62	995.25	120 176.29	4386.43
合计		—	—	465 935.20	17 006.63

11.8.2 辅助系统节能效果分析

（1）照明节能。按照每个 LED 灯功率 20W，每辆车 30 个，其中 20 个为正常照明计算。传统的白炽灯，8 辆编组列车每小时每列车客室照明耗能 5kWh，采用 LED 灯照明可节约 2kWh 左右。

（2）空调节能。推荐通过客流量来自动调节新风风门，从而实现新风量的自动调节。与传统新风系统的"开""关"两种状态相比，可实现新风量与实际客流量相符，随客流调节。可节能 10%～15%。按照每辆车空调输入功率 88kW 计算，8 辆编组列车每小时每列车空调耗电 704kWh，采用通过客流量来自动调节新风风门后每小时每列车空调可节电 70～100kWh。

不同方案下的辅助系统能耗计算见表 11-8。

表 11-8 不同方案下的辅助系统能耗

部件名称	空调压缩机	空气通风机	冷凝风机	司机室通风机	客室照明
每列车设备数量	64	32	32	2	164
额定功率（kW/台）	4.23	1.29	1.17	0.29	0.036
运行全程时间（h）	西段交路 1.155，东段交路 1.2				
初期全天开行对数	152＋152				
不采用节能方案初期能耗（万 kWh/a）	2195				
采用节能方案初期能耗（万 kWh/a）	1890				

注 空调效率按照 COP 值 2.5 计算，全年按照负荷率 40% 考虑。

经初步计算，运营模式在采用节能措施情况下，全线可节电 5%~10%；考虑反馈能量被相邻车辆吸收的情况，列车牵引能耗降低约 15%；考虑列车辅助设备用电能耗、牵引变压器本身能耗，牵引能耗初期约为 13 183.24 万 kWh/a，近期为 15 065.15 万 kWh/a，远期为 17 056.00 万 kWh/a。

11.8.3　通风空调系统节能效果分析

（1）优化环控工艺模式。

1）排热系统根据室外温度、隧道内温度、行车对数情况，调整排热风机的开启和频率，既可最大限度排出列车运行时产生的热量，保证隧道内的温度满足标准要求，又尽可能节省风机能耗。

2）优化大系统全新风和全通风模式。在新风季和通风季，大系统风机送风，排风机停止运行，送风由出入口及屏蔽门泄漏，即可保证车站内的空气品质，又可节省排风机能耗。

（2）设计高效节能水系统，引入水系统节能目标。通过精细化设计，尽量减少系统管路阻力；采用高效冷水机组；同时对冷水机组蒸发器、冷凝器、空调器和表冷器的水阻进行控制，降低水系统输配能耗；并通过节能控制系统，最终保证水系统的综合制冷性能系数（summated refrigerating coefficient of performance，SCOP）不低于 5.0。

（3）大系统组合式空调器采用可变风路形式，非空调季气流不通过表冷器，降低阻力，从而减少运行能耗。

（4）设置冷凝器自动在线清洗装置。冷凝器自动在线清洗装置通过胶球自动定时清洁冷凝器换热盘管，其工作原理为：发球机将胶球发入冷凝器中，胶球依靠水压差擦洗掉换热管内壁的污垢，在冷却水出口端通过收球器回收胶球至发球机形成一个清洗循环，通过微电脑控制程序设置清洗频率和次数，达到自动在线清洗功能。始终保持冷凝器内壁洁净，换热效率最高，冷水机组制冷效率最高，克服由于污垢的产生而引起冷水主机制冷效率下降，从而降低能耗，节省能源。

11.8.4　照明设施节能效果分析

（1）智能照明节能控制方式。为了满足站厅、站台、自动扶梯处等不同区域对照明标准和质量的不同要求，该工程设置智能照明控制系统，该系统可采用照度控制、场景控制、定时控制、多点控制等多种控制方案。公共区、出入口灯具可结合照度探测器实现调光控制。

智能照明控制系统既能保证一定照度和均匀度，又能控制长明灯的数量，可根据运营时段与非运营时段设置不同的开启模式。出入口飞顶的照明根据不同时段要求开启照明，既可保证照明又可节省电能。

（2）应急照明节能控制方式。车站设备房设置应急照明，以往地铁工程中往往采用长明灯的运行模式，而大部分设备房间为无人值班，只有在巡视时才有人进入。因此，该工程采用了设备房应急照明设置开关的方案，正常情况下，当运营人员巡视时，进入房间打开灯具开关，离开房间时关闭绝大部分照明灯具。火灾情况下，强行点亮应急照明，以保证人员疏散和应急状态下的工作需要。

该工程照明采用高光效光源，并采用节能照明控制模式，其照明节能效果见表 11-9。

表 11-9   照 明 节 能 效 果

序号	节能措施	节能效果（万 kWh/a）
1	高光效光源节能	15.83
2	广告照明节能	10.39
3	照明控制节能	13.683
	合计	39.903

从表 11-9 可以看出，一个车站一年共节省 39.903 万 kWh，23 个车站一年共节省电能 917.77 万 kWh。因此照明节能措施从设计源头开展，充分贯彻到设计、设备选型和运营阶段，是可行有效的，能够积极充分地响应国家节能减排的政策。

11.8.5 整体节能效果分析

该工程初期能耗比较如表 11-10 所示。

表 11-10   该工程初期能耗比较表

序号	用能系统	原方案初期能耗（万 kWh/a）	节能优化后方案初期能耗（万 kWh/a）	初期节省能耗（万 kWh/a）
1	列车牵引	14 501.57	13 183.24	1 318.32
2	通风空调	8341.00	8333.00	8
3	照明	2835.27	1917.50	917.77
4	供电	544.06	544.06	—
5	通信	901.88	901.88	—
6	信号	468.62	468.62	—

续表

序号	用能系统	原方案初期能耗（万 kWh/a）	节能优化后方案初期能耗（万 kWh/a）	初期节省能耗（万 kWh/a）
7	电扶梯	1276.00	1129.23	146.77
8	屏蔽门	87.84	87.84	—
9	自动售检票	34.27	34.27	—
10	综合监控	293.50	293.50	—
11	给排水及消防	157.24	157.24	—
12	车辆段、停车场	554.05	554.05	—
	合计	29 995.30	27 604.44	2390.86

该工程采用节能措施前，测算初期需要消耗电能 29 995.30 万 kWh/a，采用节能优化措施后预计消耗电能 27 604.44 万 kWh/a，采用节能措施前后对比节能 2390.86 万 kWh/a，比节能前降低了 7.97%，折合标准煤 2940.77t/a。

采取节能措施前后的投资比较如表 11-11 所示。

表 11-11　　　　　采取节能措施前后初投资比较表

序号	用能系统	初期节约能源数量（万 kWh/a）	增加投资（万元）
1	列车牵引	1318.32	500
2	通风空调	8	600
3	照明	917.77	6513.6
4	供电	—	—
5	通信	—	—
6	信号	—	—
7	电扶梯	146.77	488
8	屏蔽门	—	—
9	自动售检票	—	—
10	综合监控	—	—
11	给排水及消防	—	—
12	车辆段、车辆基地	—	—
	合计	2390.86	8101.60

该工程采取节能措施增加工程投资 8101.60 万元，采用节能优化措施后节能

2390.86 万 kWh/a，按照电价为 0.824 元 /kWh 估算，每年可节省电费 1970.07 万元，不考虑节能设备折旧的情况下，大约需要 4 年可收回投资。

根据上述分析，广州市城市轨道交通新线设计中，各专业均采用了不同的新型绿色节能措施，整体节能效果较 2015 年前建成的线路有较大的提升。

（1）牵引能耗一般占线路总能耗的 50% 左右，是城市轨道交通占比最大的部分。牵引能耗受到线路、车辆、行车运行组织等方面的影响，新线设计中，在这三方面均考虑了相应的节能措施。

1）线路设计方面，控制线路小曲线半径的使用和在有条件的情况下尽量采用节能坡，有利于降低线路对列车频繁加减速的频次和有利于动能与势能之间的转换，达到节能的效果。

2）车辆设计方面，对车辆的材料选择、空气动力、电机效率、车载设备等方面进行了优化，降低车辆自身的损耗，并新增了节能运营的模式，在满足运营组织的要求下降低车辆的能耗。

3）运营组织方面，将根据客流高、中、平峰设置大小交路的运行并调整相应的运营时刻表，同时将结合列车进出站的再生制动，提高牵引网邻车吸收的效率，进一步降低牵引单位能耗。

根据研究，在采用了以上节能措施的情况下，在同一车型和相同最高时速下，新建线路的牵引能耗较 2010 年前建成的线路可降低 15%～20%。以目前广州市区线路为例，某新建线路的车公里平均单位能耗控制在 2.1 以下，而 2010 年前建成的线路平均在 2.6 左右。该线与旧线的牵引能耗数据对比如表 11-12 所示。

表 11-12　　　　　　　　　该工程与旧线牵引能耗数据对比

线路		新线	旧线
车型		A 型车	A 型车
线路长度（km）		27.03	15.75
车站	总数量	11	13
	地下站	11	13
	高架站（地面站）	0	0
站间距（km）		2.6	1.31
车公里能耗（万车·km）		2121.44	1481.15
年用电量（万 kWh）	牵引用电量	4436.85	3902.76
年单位牵引能耗	车公里单位电耗 [kWh/（万车·km）]	2.09	2.63

（2）动力能耗中主要由车站的通风空调、照明、电扶梯、屏蔽门和其他弱电系统等专业的设备能耗组成。其中通风空调、照明能耗为车站主要能耗，两个专业设备能耗占总能耗的 30%～40%。各专业在新线设计时，针对高能耗设备采取了相应的节能措施。

1）通风空调为车站的主要耗能专业，新线设计时，在既有线的设计基础上，优化了环控工艺模式，包括优化大系统全新风和全通风模式。采用了高效冷水系统和通过节能控制系统对冷水系统进行精细化控制，控制水系统性能系数（coefficient of performance，COP）不低于 5.0。

2）灯具在新线全线采用 LED 灯后，比既有线的荧光灯已降低 40%～50% 的能耗。同时采用了智能照明控制系统，可根据客流情况分区对照明进行精细化控制，在客流低峰时可控制灯具降功率运行，进一步降低照明能耗。

其他专业如扶梯等则采用了变频技术和节能运行模式。根据测算，一般标准车站平均可降低 25%～35% 的能耗，每日能耗可从 8000kWh 降低至 6000kWh 以下。该工程与旧线的车站能耗数据对比如表 11-13 所示。

表 11-13 该工程与旧线车站能耗数据对比

线路		新线	旧线
车型		A 型车	A 型车
线路长度（km）		27.03	15.75
车站	总数量	11	13
	地下站	11	13
	高架站（地面站）	0	0
车站总面积（m²）		203 750.12	168 583.44
年用电量（万 kWh）	非牵引用电量	3097.32	3678.90
年非牵引能耗	车站电耗（万 kWh/ 站）	281.57	282.99
	车站单位面积电耗（kWh/m²）	152.51	218.22
	比例关系	70%	100%

11.9 项目的能效水平分析

项目消费能源种类以电为主，另有少量的天然气，主要耗能工质为水。项目

由天河公园主变电站和彩虹桥主变电站负责供电。天河公园主变电站安装容量
2×63MVA。彩虹桥主变电站安装容量 2×63MVA。

项目生产和附属生产设施能耗如表 11-14 所示,随着客流量增加,通风空调、
电扶梯等设备负荷有所增加。据此测算的该项目能源消费预测如表 11-15 所示。

表 11-14 项目生产和附属生产设施能耗表

序号	用能系统	初期能耗 (万 kWh/a)	近期能耗 (万 kWh/a)	远期能耗 (万 kWh/a)
1	列车牵引	13 183.24	15 065.15	17 056.00
2	通风空调	8333.00	9166.00	10 082.00
3	照明	1917.50	1917.50	1917.50
4	供电	544.06	595.80	647.04
5	通信	901.88	901.88	901.88
6	信号	468.62	468.62	468.62
7	电扶梯	1129.23	1368.83	1551.00
8	站台门	87.84	92.16	92.16
9	自动售检票	34.27	34.27	34.27
10	综合监控	293.50	293.50	293.50
11	给排水	157.24	165.10	173.36
12	车辆段、停车场	554.05	554.05	554.05
	合计	27 604.44	30 622.86	33 771.38

表 11-15 能源消费预测表(含耗能工质)

主要能源种类	计量单位	年需要实物量			当量值 折标系数	折标煤量(t)		
		初期	近期	远期		初期	近期	远期
电	万 kWh	27 604.44	30 622.86	33 771.38	1.229 (当量值,t标准煤/万 kWh)	33 925.85	37 635.50	41 505.03
					3.14 (等价值,t标准煤/万 kWh)	86 677.93	96 155.79	10 6042.15
天然气	m³	7700.00	10 120.00	12 540.00	0.001 214 3 (当量值,t标准煤/m³)	9.35	12.29	15.23

续表

主要能源种类	计量单位	年需要实物量			当量值折标系数	折标煤量（t）		
		初期	近期	远期		初期	近期	远期
水（工质）	t	1 081 524.2	1 135 600.41	1 192 380.43	0.000 085 7（等价值，t标准煤/t）	91.93	96.53	101.35
项目年综合能源消费总量（t）					1.229（当量值，t标准煤/万 kWh）	34 027.13	37 744.32	41 621.61
					3.14（等价值，t标准煤/万 kWh）	86 779.21	96 264.61	106 158.73

注　当量值系数、等价值系数按《综合能耗计算通则》（GB 2589—2008），电的等价值系数采用 3.14t 标准煤/万 kWh，按全国电力工业运行简况通报（2013 年）。

根据预测，该工程初期的年综合能耗为 34 027.13t 标准煤，近期的年综合能耗为 37 744.32t 标准煤，远期的年综合能耗为 41 621.61t 标准煤。

根据该工程用电能耗预测，结合线路敷设、站点设置、行车组织等，得出该工程用电量指标，如表 11-16 所示。

表 11-16　　　　　　　　　　　　　　该工程用电量指标表

年限		初期
路线长度（km）		33.8
车公里（万车·km/a）		4916.51
年客运量（万人/年）		42 851
年能耗情况	总能耗（万 kWh）	27 604.44
	牵引能耗（万 kWh）	13 183.24
	非牵引能耗（万 kWh）	14 421.20

将该工程初期年用电量指标与广州十三号线首期近期年用电量指标做比较，如表 11-17 所示。

表 11-17　　　　　　　　　　　　　　各线用电量指标比较表

项目	十三号线首期工程	十三号线二期工程
线路长度（km）	27.03	33.8

续表

项目			十三号线首期工程	十三号线二期工程
车站	总数量		11	23
	地下站		11	23
	高架站（地面站）		0	0
站间距（km）			2.6	1.53
客流（万人）			8099	42 851
平均运距（km）			10.1	7.83
车公里（万车·km）			2221.13	4916.51
年用电量 （万 kWh）	总用电量		15 459.6	27 604.44
	牵引用电量		7638.1	13 183.24
	非牵引用电量		7821.5	14 421.19
年非牵引能耗比选 （万 kWh/ 站）	车站电耗		711.05	627.01
年牵引能耗比选	人公里单位电耗 ［kWh/（万人·km）］		933.75	392.92
	车公里单位电耗 ［kWh/（车·km）］		3.44	2.68
备注			A 车 8 辆编组	A 车 8 辆编组

十三号线二期工程开通后，十三号线全线贯通，客流增长迅速，所以人单位电耗、车公里单位电耗比首期工程低很多。

将十三号线二期工程初期年用电量指标与 2015 年广州某线年用电量指标做比较，如表 11-18 所示。

表 11-18   各线用电量指标比较表

线路			广州某线	十三号线二期工程
线路长度（km）			30.9	33.8
车站	总数量		24	23
	地下站		24	23
	高架站（地面站）		0	0
站间距（km）			1.34	1.53
客流（万人）			50 360.64	42 851
平均运距（km）			4.52	7.83
车公里（万车·km）			2646.2	4916.51

续表

线路		广州某线	十三号线二期工程
年用电量 2015 （万 kWh）	总用电量	14 102.88	27 604.44
	牵引用电量	6350.88	13 183.24
	非牵引用电量	7752	14 421.19
年非牵引能耗比选 （万 kWh/ 站）	车站电耗	323	627.01
年牵引能耗比选	人公里单位电耗 ［kWh/（万人·km）］	279	392.92
	车公里单位电耗 ［kWh/（车·km）］	2.40	2.68
备注		A 车 6 辆编组	A 车 8 辆编组

十三号线二期工程由于采用 8 辆编组 A 型车，所以车站电耗比广州某线高，车公里单位电耗、人公里单位电耗比广州某线高。

车站电耗指标对比分析如表 11-19 所示。

表 11-19　　　　　　　　　车站电耗指标对比表

线路		十三号线二期工程	广州某线
年非牵引能耗 比选	车站电耗 万 kWh/ 站	627.01	323
与十三号线二期工程 能耗相比		100%	51.5%
备注		A 车 8 辆编组	A 车 6 辆编组

由于十三号线二期工程车站平均主体面积约 22 763.03m²，广州某线车站主体面积约 9467.9m²，二期车站平均主体面积是某线的 2.4 倍，该车站电耗是某线的 1.94 倍。所以该工程车站电耗水平优。

人、车公里综合能耗指标对比分析如表 11-20 所示。

表 11-20　　　　　　　　　人、车公里能耗指标表

线路		十三号线二期工程	广州某线
年牵引能耗比选	人公里单位电耗［kWh/（万人·km）］	392.92	279
	与十三号线二期工程 能耗相比	100%	71.0%
	车公里单位电耗［kWh/（万车·km）］	2.68	2.4

线路		十三号线二期工程	广州某线
年牵引能耗比选	与十三号线二期工程能耗相比	100%	89.5%
备注		A 车 8 辆编组	A 车 6 辆编组

通过表 11-20 可以看出，由于十三号线二期采用 8 辆编组 A 型车，列车时速 100km/h，六动二拖，车辆自重 442t；广州某线采用 6 辆编组 A 型车，列车时速 80km/h，四动二拖，车辆自重 321.6t；并且某线牵引能耗考虑了列车的再生制动、线网能量回馈等因素，该工程暂未考虑上述因素，通过具体分析计算，该工程牵引能耗有所降低，但该工程人公里、车公里指标较广州某线略高。

根据该工程能耗预测，得出初期的综合能耗指标，如表 11-21～表 11-23 所示。

表 11-21　　　　　　　　　人、车公里综合能耗指标表

年限	初期
路线（正线）长度（km）	33.8
客流（万人）	42 851
平均运距（km）	7.83
车公里（万车·km）	4916.51
年综合能耗（t）	33 925.85
人公里单位综合能耗 [t/（万人·km）]	0.101
车公里单位综合能耗 [t/（万车·km）]	6.90

表 11-22　　　　　　　　与广州地铁线路综合能耗指标比较表

线路		广州某线	十三号线二期工程
线路长度（km）		30.9	33.8
车站	车站数量（座）	24	23
	地下站	24	23
	高架站（地面站）	0	0
	站间距（km）	1.34	1.53

续表

线路	广州某线	十三号线二期工程
客流（万人）	29 922.12	42 851
平均运距（km）	4.52	7.83
车公里（万车·km）	2646.2	4916.51
2015 年总用电量（万 kWh）	14 102.88	27 604.44
折标准煤（t）	17 332.44	33 925.85
人公里单位能耗 [t/（万车·km）]	0.0528	0.101
车公里单位能耗 [t/（万车·km）]	4.53	6.90
备注	A 车 6 辆编组	A 车 8 辆编组

表 11-23　　　　人、车公里单位综合能耗指标对比表

线路	十三号线二期工程	广州某线
人公里单位能耗 [t/（万·km）]	0.101	0.0528
与十三号线二期工程能耗相比	100%	52.2%
车公里单位能耗 [t/（万车·km）]	6.90	4.53
与十三号线二期工程能耗相比	100%	65.6%
备注	A 车 8 辆编组	A 车 6 辆编组

11.10　项目的能源消费影响分析

11.10.1　对当地能源消费的影响

到 2020 年底，广州电网规划有 500kV 变电站 9 座、220kV 变电站 74 座、110kV 变电站 315 座。广州 220kV 电网将以 500kV 变电站和本地电源为中心形成 7～8 个大供电分区，110kV 及以上线路"N-1"的比例达 100%；110kV 及以上变电站 N-1 满足率将达到 99%，配电网可转供电率将达到 95%。

初期，该工程总耗电量约为 2.52 亿 kWh，约占全市用电量的 0.24%，所占比例较小。因此，该项目对广州市用电量影响较小。

从负荷的发展和电网的规划发展来看，负荷和电网能够协调发展，也就是说电网的发展能够满足负荷的发展，广州市电网完全能够满足城市轨道交通用电系统的供电。

11.10.2 对当地交通能源消费的影响

依据美国能源基金会测算的各种交通方式的每100万人每千米能耗和尾气排放见表11-24，城市轨道交通属于节能环保的交通运输方式。依据日本交通省的有关资料，轨道交通的单位能耗仅是公共汽车的45%，小汽车的5.3%。

表 11-24   城市主要交通方式能耗和尾气排放情况表

方式污染物	私家车	出租车	普通公交	快速公交	轨道交通	摩托车
CO_2（t）	140.2	116.9	19.8	4.7	7.5	62
NO_x（kg）	746	662	168.4	42	17.5	90
油耗（t）	49.2	41	6.9	1.6	2.6	21.8

按照客流预测，该工程初期日均客流量为117.4万人次，因此预测初期年出行总量约为42 851万人次。该工程与常规交通方式出行能耗分析见表11-25。

表 11-25   轨道交通出行与常规交通出行能耗分析表

初期预测出行量（万人/a）	42 851			
平均运距（km）	7.83			
常规交通方式				
出行方式	私人机动车	常规公交	大客车	出租车
出行比例（%）	44.84	32.56	8.70	13.90
常规交通（万人）	18 657.92	13 548.22	3620.07	5783.79
能耗［升汽油/（人·km）］	0.04	0.01	0.04	0
汽油量（万升/a）	4762			
折标准煤（t/a）	49 496.2			
十三号线二期工程				
电力（万kWh/a）	25 265.37			
综合能耗（t标准煤/a）	31 049.91			
轨道交通较常规交通减少能耗（t标准煤/a）	18 446.29			
轨道交通较常规交通减少CO_2排放（t/a）	51 238.9			

注 小汽车、出租车按1.6L排量计，城市道路1L汽油大约可以行驶12.5km，每辆车按2人计。

因此，该工程的建设，将减少常规交通方式的出行量，根据预测结果，在初期将减少能耗约 18 446.29t 标准煤 /a，相当于减少 51 238.9t 的温室气体排放，对广州市节能减排目标的实现具有非常重要的意义。

11.10.3 对所在地节能目标的影响

该工程属于交通运输行业，其总产值计算公式为

项目总产值 = 运营收入 + 其他收入

其中年运营收入 = 年客流量 × 平均票价，其他收入包括项目广告等非票务收入，按票务收入的 14% 计。运营收入和其他收入根据客流量预测及票价有关资料计算。

该工程采用计程票价，参照广州地铁已运行的线路，确定该工程平均票价为 4 元 / 人次。以 4 元 / 人次的票价作为经济评价的基础。据此测算出项目的年度总产值如表 11-26 所示。

表 11-26 项目各年度总产值 万元

项目 \ 时期	初期	近期	远期
运营收入	178 090.80	217 175.00	254 186.00
其他收入	24 932.71	30 404.50	35 586.04
项目总产值	203 023.51	247 579.50	289 772.04

经过初步测算，该工程初期项目总产值为 203 023.51 万元，初期综合能耗为 34 027.13t 标准煤，初期项目万元产值能耗为 0.168t 标准煤 / 万元；近期项目总产值为 247 579.5 万元，近期综合能耗为 37 744.32t 标准煤，近期项目万元产值能耗为 0.152t 标准煤 / 万元；远期项目总产值为 289 772.04 万元，远期综合能耗为 41 621.61t 标准煤，近期项目万元产值能耗为 0.144t 标准煤 / 万元。

交通运输行业的企业增加值计算方法如下（收入法）：

企业增加值 = 企业劳动者报酬 + 企业生产税净额 + 企业固定资产折旧 + 企业营业盈余

其中企业劳动者报酬 = 职工工资和福利费（包括保险费 4 项、住房公积金和住房补贴）+ 其他费用，企业生产税净额 = 主营业务税金及附加 + 本年应交增值税 + 其他税金，企业固定资产折旧 = 本年折旧，企业营业盈余 = 营业利润 ×（主营业务收入 / 营业收入）+ 其他费用。

得到该项目的工业增加值如表 11-27 所示。

表 11-27 各年度项目工业增加值 万元

指标名称	初期	近期
工业增加值（2+3+4+5）	131 474.99	173 394.29
劳动者报酬	30 239.95	30 994.63
生产净税额	6699.78	7960.07
固定资产本年折旧	166 677.17	166 263.65
营业盈余	−72 141.9	−31 824.06

注 据此测算该项目初期工业增加值为 131 474.99 万元，初期工业增加值能耗为 0.26t 标准煤 / 万元；近期工业增加值为 173 394.29 万元，近期工业增加值能耗为 0.22t 标准煤 / 万元。

2013 年广州市万元国内生产总值（gross domestic product，GDP）综合能耗为 0.48t 标准煤 / 万元，单位工业增加值能耗为 0.603t 标准煤 / 万元。广东省"十二五"全省节能规划中提出到 2015 年，全省单位 GDP 能耗在 2010 年基础上拟下降 18%，单位工业增加值能耗在 2010 年基础上下降 20%。

经过测算，该项目初期产值能耗为 0.168t 标准煤 / 万元，初期单位工业增加值能耗为 0.26t 标准煤 / 万元，均满足广州市规划的节能目标，为实现广州市能源中长期规划目标奠定基础。

11.10.4 对所在地能源消费增量影响评价

该项目计划于 2022 年底投入运营。该项目初期万元产值能耗为 0.168t 标准煤 / 万元，初期单位工业增加值能耗为 0.26t 标准煤 / 万元，项目综合能耗为 34 027.13t 标准煤。

则该项目占广州市"十四五"能源消费增量的比例 m 为

$$m = \frac{34\,027.13}{688.26 \times 10\,000} \times 100\% = 0.49\%$$

根据《固定资产投资项目节能审查办法》中的固定资产投资项目对所在地（省市、地市）完成节能目标影响评价指标表规定，项目新增能源消费量占广州市"十四五"期间能源消费增量控制数比例 $m = 0.49\%$，小于 1%，影响程度较小。

该项目初期总产值为 203 023.51 万元，总能耗 34 027.13t 标准煤；2021 年广州市生产总值为 27 933.76 亿元，总能耗 6417.33 万 t 标准煤，单位国内生产总值能耗为 0.229t 标准煤 / 万元。

则项目增加值能耗影响所在地完成"十四五"单位 GDP 能耗下降目标的比例 n 为

$$n = \frac{\dfrac{34\,027.13 + 64\,173\,300}{203\,023.51 + 279\,337\,600} - 0.229}{0.229} \times 100\% = -0.0196\%$$

根据《固定资产投资项目节能审查办法》中的固定资产投资项目对所在地（省市、地市）完成节能目标影响评价指标表规定，项目增加值能耗影响所在地单位 GDP 能耗的比例 $n = -0.0196\%$，小于 0.1%，影响程度较小。

参 考 文 献

［1］ 国家发展改革委节约资源和环境保护司，国家节能中心．固定资产投资项目节能审查系列
工作指南［M］．北京：中国市场出版社，2021．

［2］ 冀雯宇，赵景波，杨启超．城市轨道交通系统运用工程［M］．北京：国防工业出版社，
2017．

［3］ 李青，高山，薛彦廷．火力发电厂节能技术及其应用［M］．北京：中国电力出版社，
2007．

［4］ 李争春．变电站节能降耗措施浅谈［J］．资源节约与环保，2019，（10）：44+46．

［5］ 苏睿，李刚俊，李华志，等．基于效率提升的齿轮传动参数优化设计［J］．机械传动，
2020，44（11）：49-52．

［6］ 汪卫军．牵引电机的效率优化控制研究［D］．北京：北京交通大学，2009．

［7］ 孙宁．城市轨道交通车辆应用技术［M］．北京：中国铁道出版社，2014．

［8］ 秦娟兰．城市轨道交通车辆电机［M］．成都：西南交通大学出版社，2010．

［9］ 煤炭企业能源管理丛书编委会．节能技术［M］．北京：煤炭工业出版社，2014．

［10］ 杨志勇．土木工程专业毕业设计手册．第2版［M］．武汉：武汉理工大学出版社，2003．

［11］ 王瑞主．建筑节能设计［M］．武汉：华中科技大学出版社，2015．

［12］ 朱士祥．地铁站变频自动扶梯节能原理及效果分析［J］．科技资讯，2010（22）：37．

［13］ 苏国成．火力发电厂与节能减排技术研究［M］．北京：航空工业出版社，2010．

［14］ 中国电力工程顾问集团有限公司．电力工程设计手册　火力发电厂节能设计［M］．北
京：中国电力出版社，2017．